# 领导力提升研究

司范岐 陶沁 欧阳卫红 著

湘潭大学出版社
XIANGTAN UNIVERSITY PRESS

图书在版编目（CIP）数据

领导力提升研究 / 司范岐，陶沁，欧阳卫红著．
湘潭：湘潭大学出版社，2024．8．-- ISBN 978-7-5687-1535-5

Ⅰ．C933

中国国家版本馆 CIP 数据核字第 2024JP8318 号

**领导力提升研究**

LINGDAOLI TISHENG YANJIU

司范岐 陶沁 欧阳卫红 著

责任编辑：刘文情
封面设计：张 波
出版发行：湘潭大学出版社
社 址：湖南省湘潭大学工程训练大楼
电 话：0731-58298960 0731-58298966（传真）
邮 编：411105
网 址：http://press.xtu.edu.cn/
印 刷：长沙印通印刷有限公司
经 销：湖南省新华书店
开 本：710 mm×1000 mm 1/16
印 张：8
字 数：151 千字
版 次：2024 年 8 月第 1 版
印 次：2024 年 8 月第 1 次印刷
书 号：ISBN 978-7-5687-1535-5
定 价：60.00 元

# 目录

# 第一章　什么是“领导力”

领导力是我们在生活中经常会提到的一种能力，不论是在一个企业的成长和发展过程中，还是在一个学校社团的运行中，甚至是在一个家庭的经营中，领导力都是一种非常重要的能力。因为一个群体要想能够长久存在或者获得发展，就需要有一个人能够带领大家。如在一个企业中，就需要有人能够激发团队成员的创造力和热情，让所有人都能够朝着一个目标全力以赴。在一个家庭中，就需要有一个人们常说的“主心骨”，能够让每个家庭成员都对家庭有爱和牵挂。在不同的层次和领域中，所需要的领导力的内容也会有所不同。但不论是在企业还是在家庭中的领导力，都绝对不是简单服从，也不是一种简单的头衔，而是一个能够激励所有人的能力。

尽管领导力存在于人们生活的各个方面，但是仍然有很多人对领导力有非常严重的误解。有的人认为领导力来源于权力、地位和金钱，还有的人认为领导力是能够将各方都恰当安抚的能力。然而，这些并不是领导力真正的内涵。因此，本章将从领导力的概念以及相关理论进行详细介绍，让大家能够清楚地了解到领导力在理论层面的真正内涵。

## 第一节　领导力概念详解

事实上，在我们每个人的日常人际交往中，都会不自觉地受到别人的影响，与此同时，我们每个人也在影响着别人。这就是我们常常提到的影响力，而领导力可以说是一种特殊的影响力，其特殊性在于其影响范围的广泛和营销效果的显著。如果只是说到影响力，可以说每个人都有影响力，但并不是每一个人都具有领导力，即不是每个人都具备影响组织中的成员朝着一个目标前进的能力。通常在一个组织中，成员受领导者个性特征或者领导方式的影响，其主观能动性得到充分的调动，让组织目标得以实现。

一个组织能否实现各个要素之间的协调发展，重要的一点就是领导与其他成员之间的关系和互动，即领导能否让成员与自己在认识、情感和行为上达成一致，只有这样，才能够正确地发挥领导力的作用。然而，在认识如何发挥领导力之前，我们需要对什么是领导力有一个清晰的认知。本节将对国内外对于领导力相关概念的解读进行梳理，让大家能够充分理解领导力的概念。

## 一、国内对于领导力的相关概念解读

随着人类社会的不断发展，关于领导力的概念，古今中外有许多专家学者都给出了他们自己的论断。就以中国古代学者而言，很多对于领导力的论述至今仍然有着非常重要的影响。如众所周知的《孙子兵法》，尽管在很多人看来，这是一本讲述在战争中如何行兵打仗的书，但如何用兵和如何领兵就是领导力的体现。

又如，老子在《道德经》第十七章中讲："太上，下知有之；其次，亲而誉之。其次，畏之。其下，侮之。信不足焉，有不信焉。悠兮其贵言。功成事遂，百姓皆谓我自然。"这句话就是老子的政治思想主张，在这句话中，老子描述了四种类型的统治者，最好的统治者是人们根本不知道有这个统治者的存在，其次就是人们能够亲近并称赞的统治者，再者就是人们都会惧怕的统治者，而最差的统治者就是被人们所轻侮的统治者。在老子看来，一个真正善于统治的统治者拥有诚信正直的人格，不会将权力施加于人们身上，统治者和人们都能够过上悠然自得的生活。这句话表面上是在说统治者的治国能力，实际上也是领导力的一种。在老子看来，真正的领导力是不需要有过多的权力施压的，最理想的富有领导力的组织就是团队里的每个人不需要领导的约束，而是能够主动地发挥自己的才能，为团队做出更大的贡献。

《孙子兵法·计篇》中曾提到"将者，智、信、仁、勇、严也"。也就是说，一个将领必须有足够的智慧，同时也要正直诚信，对于将士的奖罚要分明，但也必须是一个拥有仁义和仁爱之心的人，能够做到爱护将士，在处理问题和面对险情的时候要非常勇敢果断，要制定严明的纪律，保证军队内的秩序。这种对于将领品质的定义实际上也是在说什么是领导力。即一个领导者需要足智多谋，能够找到问题的解决办法；要有足够诚信的人格魅力，要尽可能体恤团队成员并能和下属和谐相处。因为一个领导者仅仅精通谋略策划是不行的，他需要懂得如何带领团队。正所谓，“用兵之道，攻心为上”，就像带兵打仗的将领，领导者仅有武力但不懂得人心，是没有办法取得最终的胜利的。一个具备领导力的领导者不仅需要有足够的个人魅力，同时也要知道如何用人。

中国历史文化背景对领导力的影响是非常深远的。中国传统文化中强调的是“仁爱”“忠诚”“谦虚”“勤奋”等价值观念，这些价值观念对于领导力的塑造和发挥起到了重要的作用。

比如，中国传统文化中强调的“仁爱”和“忠诚”等价值观念，使得领导者更加注重人际关系和团队合作。在中国传统文化中，领导者不仅要关注自己的利益，还要关注团队成员的利益，注重团队合作和协作。这种价值观念对于领导者的人际关系和团队管理能力的提升起到了积极的作用。再比如，中国传统文化中强调的“谦虚”和“勤奋”等价值观念，使得中国领导者更加注重自我修养和自我提升。在中国传统文化中，领导者不仅要有才干和能力，还要有道德修养和高尚品德。这种价值观念对于领导者的自我修养和自我提升能力的提升起到了积极的作用。

中国传统文化中强调的“道德领导”和“德治天下”等价值观念，使得中国领导者更加注重道德和伦理的规范。在中国传统文化中，领导者不仅要有政治智慧和管理能力，还要有道德操守和伦理规范。这种价值观念对于领导者的道德水平和伦理素养的提升起到了积极的作用。

因此，中国历史文化背景对领导力的影响是非常深远的。对于领导者的人际关系、团队管理、自我修养、自我提升、道德水平和伦理素养等方面都起到了积极的作用。

中国社会中，领导力的传统模式可以追溯到古代的封建社会。在这个社会中，领导者通常是皇帝、官员、地主和家长等人。他们的权力是通过家族、血缘、地位和财富等因素来确定的。这些领导者通常被视为神圣的存在，他们的权威是不可挑战的。在这种传统模式下，领导者通常具备以下特点：

**1. 有强烈的权威感**

有强烈的权威感是指领导者对自己的权威地位有强烈的认同和信念，认为自己应该拥有足够的权威来指导和控制下属。这种权威感通常是由领导者的个人经验、知识、技能和职位等因素决定的。

在组织中，领导者的权威感可以帮助他们更好地管理和领导下属。领导者可以通过自己的权威地位来影响下属的行为和决策，从而实现组织的目标。此外，领导者的权威感还可以帮助他们建立起一种积极的工作氛围，激励下属更加努力地工作。

然而，过度的权威感也可能会导致领导者的独断专行和不容忍他人的行为。这种行为可能会导致下属的不满和反感，从而影响组织的稳定性和效率。因此，领导者应该在拥有足够权威的同时，要注重与下属的沟通和合作，尊重下属的意见和建议，建立起一种良好的工作关系。

**2. 重视家族和血缘关系**

重视家族和血缘关系是指领导者在组织中的决策和管理中，会优先考虑家族和血缘关系，而不是个人能力。这种现象在传统文化和社会中比较普遍，尤其是在一些家族企业中尤为多见。

在家族企业中，领导者通常会将家族成员视为优先考虑的人选，而不是根据个人能力和业绩来选拔人才。这种做法可能会导致企业的管理和决策出现问题，影响企业的发展和竞争力。在政治组织中，领导者也可能会优先考虑家族和血缘关系，而不是个人能力和素质。这种做法可能会导致政治组织的腐败和不公，影响社会的稳定和发展。

然而，重视家族和血缘关系也有一些积极的方面。在传统社会中，家族和血缘关系被视为一种重要的社会纽带和文化传承。在这种情况下，领导者重视家族和血缘关系可以帮助维护社会的稳定和凝聚力。

总之，领导者应该根据个人能力和业绩来选拔人才，而不是优先考虑家族和血缘关系。这样才能保证组织的稳定和发展，同时也能维护社会的公正和公平。

**3. 重视礼仪和仪式**

重视礼仪和仪式是领导者展示自己权威和地位的一种方式。在许多文化中，礼仪和仪式被视为一种尊重和尊严的表现，因此，领导者通常会注重这些方面，以显示他们的权威和地位。

首先，礼仪和仪式可以帮助领导者建立自己的形象和品牌。通过遵循特定的礼仪和仪式，领导者可以向员工和其他人传达他们的价值观和信仰。这些价值观和信仰可以包括对团队合作、创新和卓越的承诺，以及对员工和客户的尊重和关注。其次，礼仪和仪式可以帮助领导者建立自己的权威和地位。通过遵循特定的礼仪和仪式，领导者可以向员工和其他人展示他们的权威和地位。这些礼仪和仪式可以包括穿着特定的服装、使用特定的语言和姿态，以及参加特定的活动和仪式。最后，礼仪和仪式可以帮助领导者建立自己的团队和组织文化。通过遵循特定的礼仪和仪式，领导者可以向员工和其他人展示他们的团队和组织文化。这些文化可以包括对员工和客户的尊重和关注，以及对创新和卓越的承诺等。

**4. 善于掌控人心**

作为一名领导者，善于掌控人心是非常重要的一项能力。这意味着领导者应该能够了解下属的需求和心理，以便更好地掌控和管理他们。

了解员工的需求和心理，可以帮助领导者更好地管理团队，从而提高员工的士气和工作效率。当员工感到被重视和关心时，他们会更加努力地工作。领导者可以根据员工的能力和兴趣来分配任务，从而使员工更加愿意完成任务，并且能够更好地完成任务。当员工遇到问题时，领导者可以根据员工的需求和心理来提供解决方案，从而更好地解决问题。了解员工的需求和心理，还可以帮助领导者建立更好的团队。领导者可以根据员工的需求和心理来建立更好的沟通和合作机制，从而使团队更加紧密地团结在一起。因此，善于掌控人心是一项非常重要的领导能力，对于建立和管理团队有十分重要的作用。

**5. 重视忠诚和服从**

重视忠诚和服从是领导者的一种常见特点，其目的通常是确保组织的稳定和有效性。领导者通常会要求下属忠诚于他们，并服从他们的指挥，这是因为领导者需要下属的支持和配合来实现组织的目标。

忠诚是指下属对领导者的忠诚和信任，这种忠诚可以提高组织内部的凝聚力和促进团队合作。当下属忠诚于领导者时，他们会更愿意为组织的利益努力工作，同时也会更加积极地参与组织的决策和规划。服从是指下属遵守领导者的指令和规定，这种服从可以确保组织内部的秩序和效率。当下属服从领导者时，他们会更加注重组织的规章制度，遵守组织的规定，从而保证组织的正常运转。

然而，过分强调忠诚和服从也可能会导致出现一些问题。如果领导者过于强调忠诚和服从，可能会导致下属缺乏独立思考能力和创新能力，从而影响组织的创新和发展。此外，如果领导者滥用权力，要求下属盲目服从，可能会导致下属的不满和反抗，从而影响组织的稳定和效率。因此，领导者应该在重视忠诚和服从的同时，也要尊重下属的独立思考和创新能力，鼓励下属提出自己的意见和建议，从而促进组织的长期发展和稳定。

中国这种传统的领导力模式在现代社会中仍然存在，尤其是在政治和企业领域。然而，随着社会的变化和发展，人们对领导力的要求也在不断变化。现代领导者需要具备更多的能力和素质，如创新、沟通、协作和领导团队等。因此，传统模式的领导力已经不再适用于现代社会，领导者需要不断学习和适应新的领导模式。

## 二、国外对于领导力的相关概念解读

尽管我国有很多专家学者对于领导力的概念都提出了自己的见解，但在中国的古汉语中并没有“领导”这个词汇，更别提“领导力”了。在 20 世纪初期，“领导”作为一个外来词汇引入中国，自此在《现代汉语词典》中，“领导”才有了两种含义，既可以被视为名词，也可以被视为动词。当作为名词时，主要是指承担领导工作的人，也就对应着英文中的“leader”，而“领导力”（leadership）则正是由英文中的“leader”衍生出来的，所以最早“领导力”这个概念是在国外被提及的。

就“领导力”的概念在国外的发展历史而言，它的出现也是比较晚的。因为它所依附的源词汇“leader”都是直到 1300 年才正式的出现，在此之前，即便人们对于一些政治、军事或者是企业里的管理者有所研究，但是并没有提到“领导”这样一个概念，更不用说“领导力”了。直到 1821 年，“领导力”这个词才逐渐出现在人们的视线中。

随着人们对于领导和领导力的认识有了进一步的加强，《韦氏词典》也给出了关于领导的官方解读，包括四个含义：分别是领导者的职位，从事领导工作的能力，进行领导的行为和领导者群体。这四个含义明确地表达了领导者的职位、能力以及行为，实际上这也是所有领导者的共同特征。

当一个人能够改变另一个人的行为时，我们只能认为这个人有足够的影响力，能够改变别人的想法和行为。如果一个人能够改变一群人的想法和行为，我们就可以称这个人有足够的领导力。当这种改变他人想法和行为的力量只存在于两个人之间时，我们需要做的只是对对方产生影响。如果这种力量存在于一群人之间时，因为被影响的人存在不同的想法和行为，而所谓的领导力就是要将不同人之间相互碰撞和冲突的想法和行为进行聚集，让所有的人都能够按照组织既定的目标行动，这才是领导力的根本所在。领导力不是简单的双方作用，而是一个人面对多方作用的结果，也就是一个人运用自己的个体素质、思维以及实践经验等来影响着一群人的活动，从而达到理想的效果。

领导力是能够带领人们去到未知的领域，实现更大的目标。这就是说领导力必须能够带领人们取得成果，因为拥有领导力不仅需要让一群人的想法和行为都朝着同一个目标努力，更重要的是能够带领这群人实现目标。一个人是否具有领导力，最终还是要看这个人是否带领这群人实现了组织的目标。因为领导力不仅是一种影响他人的能力，更重要的是能够带领他人实现目标的能力，即能够针对组织目标选择正确的道路和方向，带领自己的成员进入未知的领域，获得前所未有的成功，只有这样才是真正地发挥了自己的领导力。

约翰·科特是举世闻名的领导力学家，也是企业领导和变革领域的权威代言人。他有多部关于领导力的专著，在他看来，一个领袖人物必须正直、诚实、顾及他人的感受，并且不把个人或小团体的利益和需要摆在一切衡量标准的首位。在他看来，领导力更多的是一种关系，是领导与成员之间的关系。领导力就是领导者个人性格特征、思维以及行为方式的展现，当一个领导者具备足够的人格魅力，就能够用自己的这种魅力去感染他人，让成员愿意去认同领导者的想法并服从领导。

因此，在约翰·科特的描述中，领导力更多的是一种个人修养所产生的影响，即更加强调领导力的来源，一个人之所以能够影响他人的想法和行为，能够领导一群人朝着一个目标前进，必定是基于人们对于他的信服。约翰·科特认为这种信服来源于领导者能够具有吸引他人的魅力，并且在领导的过程中不会将个人的利益凌驾于集体的利益之上，而是能够以一种所有人都信服的方式来处理问题。

德鲁克在德鲁克基金会上对于领导力的见解也与约翰·科特不谋而合，他认为，领导力是怎样做人的艺术，而不是怎样做事的艺术，最后决定领导者的能力的是个人的品质和个性。作为领导者要知道如何做好自己，自己的品格、专业能力、行为怎样更多地影响其他人都很重要。德鲁克同样认为领导者所具有的人格魅力，即如何做人是领导力的重要来源。只有当领导者能够律己，才能够获得他人的尊重和信服，才能够用自己的行为去感染他人，让他人发挥出自己的潜力。

德鲁克还认为，领导者是通过其所领导的员工的努力而获得成功的。领导者的基本任务是建立一个高度自觉的高产出的工作团队。领导者的成功不是自己专业能力的成功，是领导者带领团队去实现团队目标。

也就是说，一个真正具有领导力的人不是仅仅让自己做到最好就可以，而是要让团队的每个人都能够发挥出最大的潜力。对于团队来说，领导力就是要让团队的合作发挥到极致，如果在团队内只是领导者发挥出了自己的全部能力，但是并没有调动成员的积极性，自然不能称之为有领导力。真正的领导力是能够带领团队成员充分发挥主观能动性，为了实现目标不断去努力。而实现这个目标的过程，就像是一场体育赛事，领导力就是每个教练所需要具备的实力，教练需要让每个运动员发挥出自己的最大潜能。

德鲁克关于领导力的论述在一定程度上与马克·赫根对于领导者的描述相一致。马克·赫根认为，记住，是人使事情发生，世界上最好的计划，如果没有人去执行，那它就没有任何意义。我努力让最聪明、最有创造性的人们在我周围。我的目标是永远为那些最优秀，最有天才的人们创造他们想要的工作环境。如果你尊敬人们并且永远遵守你的诺言，你将会是一个领导者，不管你在公司的位置高低。

领导力与一个人的权力和地位没有关系，领导力是如何让他人的积极性得到激发。促使目标形成的决定性因素是人的行为，而领导力就能激发人的行为。因此，马克·赫根认为领导力就是要给团队创造一个能够激发人们潜力的环境，让人们能够尊重并认同领导者所定下的目标。

当然，国外还有许多学者对领导力的概念做出了描述，尽管大家对于领导力的理解有所不同，但其实都是从不同的方面来对领导力进行研究和分析。总体来说，领导力并不是依靠制度、头衔和权力等对人们进行制约，而是通过个人的行为、价值观等让人信服，从而让每个人都能够围绕着目标努力奋斗。此外，一个拥有领导力的人必须有较好的沟通能力，让团队成员能够追随并被感召。

## 第二节　领导力相关理论

对于什么是领导力，不同的学者给出了不同的判断和解读，在很多的学者看来，领导力可以被视为是个人特质、行为、权力和影响力的综合作用。然而，不论是哪种观点，对于领导力的定义都有两个基本点：一是领导力是能够帮助组织达成目标的能力，即判断一个人是否拥有领导力，其能否带领组织实现目标是一个重要的衡量标准。因为领导的最终目的当然是目标的达成，仅仅是带动了成员是完全不够的。二是领导力必须是领导一群人，即领导力一定是存在于人际关系中的，一定不是一个孤立的存在。绝大多数优秀的领导者是有能力在复杂的关系中占居主导地位的，是能够带领一群人实现组织目标的。

当然，除了领导力的定义外，很多学者对于如何拥有领导力以及领导力的其他方面也有非常深入的研究和分析。不论是国内还是国外，管理学界对于领导力的理论都有很多，不同的学者会从领导力的不同方面来进行研究和分析，从而对领导力进行解读。本节将选取三种类型的领导力理论进行简单的介绍，并对领导力的类型进行梳理，加深人们对领导力的认识。

### 一、领导特质理论

领导特质理论是一种经典的领导理论，它认为领导者应该具备一些特定的个性特质和行为方式，这些特质和行为方式可以帮助领导者更好地管理和领导团队，实现组织的目标。领导特质理论的提出，为领导研究提供了一种新的视角和方法，对于领导者的培养和发展具有重要的指导意义。

领导特质理论最早由美国心理学家斯图尔特·卡曼在1948年提出，他认为领导者的特质可以分为个人特质和任务特质两类。个人特质包括自信、决断力、沟通能力、创新能力等，而任务特质则包括组织能力、计划能力、执行能力等。这些特质可以帮助领导者更好地应对各种挑战和问题，提高领导效能。

随着领导理论研究的深入，心理学家戴维·麦克莱兰在20世纪60年代对领导特质理论进行了深入研究，他提出了“成就动机”“权力动机”“亲和动机”

三种领导者的心理特质。他认为，领导者的心理特质对于领导效果的影响更为重要。

除此之外，还有一些学者提出了“情境领导理论”，认为领导者的特质和行为方式应该根据不同的情境进行调整，以实现最佳的领导效果。这些理论的提出和发展，丰富了领导理论研究的内容和方法，为领导者的培养和发展提供了更多的思路和途径。

领导特质理论是领导力研究中的一个重要分支，它对于领导者的个人素质和行为方式提出了一些基本要求，对于领导者的培养和发展具有重要的指导意义。下面，我们就展开讨论领导特质理论的具体内容。在领导特质理论中，领导特质被定义为一些与领导能力相关的个人特征或品质。

**1. 个人特征**

领导特质是指领导者个人的特征，包括性格、智力、态度、价值观等方面。这些特质可以影响领导者的行为和决策，从而影响组织的绩效和效率。

**2. 行为特征**

领导特质也可以指领导者的行为特征，包括领导风格、沟通能力、决策能力、人际关系等方面。这些特质可以影响领导者的影响力和组织的绩效。

**3. 能力特征**

领导特质还可以指领导者的能力特征，包括领导能力、管理能力、创新能力、战略能力。

领导特质理论中对领导特质的定义是多方面的，它们都可以影响领导者的行为和决策，从而影响组织的绩效和效率。这些特质可以通过培训和发展来获得提高，从而帮助领导者更好地发挥领导力的作用。

## 二、领导行为理论

布莱克和穆顿的领导行为理论认为，领导应该采取不同的行为风格，以适应不同的情境和员工需求。他们提出了两种基本的领导行为风格：任务导向和人际导向。

**1. 任务导向的具体含义**

任务导向的领导行为风格强调完成任务和实现目标。这种风格的领导者通常会设定明确的目标和标准，并监督员工的工作进度和质量。他们会给予员工明确的指导和反馈，以确保任务能够按时完成。这种风格的领导者通常会被视为严格和要求高的，但他们的目的是确保任务完成和目标实现。

**2. 人际导向的具体含义**

人际导向的领导行为风格强调员工的需求和关注员工的情感和人际关系。这种风格的领导者通常会关注员工的情感和需求，并与员工建立良好的关系。他们会倾听员工的意见和建议，并尝试满足员工的需求。这种风格的领导者通常会被视为友好和支持型的，但他们的目的是建立一个积极的工作环境和团队合作氛围。

布莱克和穆顿认为，领导者应该根据情境和员工需求来选择不同的领导行为风格。例如，在一个紧急的任务中，任务导向的领导行为风格可能更加适合，因为它可以确保任务能够按时完成；在一个需要员工创造力和创新的项目中，人际导向的领导行为风格可能更加适合，因为它可以激发员工的创造力和激情。

## 三、变革型领导理论

贝尔宾的变革型领导理论强调领导者应该具备变革能力，能够引领组织进行变革和创新。

**1. 敢于尝试**

作为领导者，接受挑战和冒险是非常重要的。这是因为领导者需要不断地推动组织向前发展，创新和尝试新的想法和方法是必不可少的。

首先，接受挑战可以帮助领导者发现新的机会和解决问题的方法。当面临挑战时，领导者需要思考和创新，以找到最佳的解决方案。这种思考和创新的过程可以帮助领导者发现新的机会和方法，从而推动组织向前发展。

其次，冒险可以帮助领导者提升勇气和决策能力。冒险需要领导者承担一定的风险，但对于领导者的魄力和决策能力的提升能起到明显的作用。当领导者决定尝试新的想法和方法时，他们需要做出决策并承担风险。这种经验可以帮助领导者在未来更好地应对挑战。

最后，尝试新的想法和方法，可以帮助领导者保持竞争力。在不断变化的市场环境中，领导者需要不断地创新和尝试新的想法和方法，以保持组织的竞争力。

因此，在变革型领导理论中，敢于尝试是一个十分重要的领导者的特质，领导者愿意接受挑战和冒险，敢于尝试新的想法和方法，可以帮助他们发现新的机会和解决问题的方法，提升勇气和决策能力，以及提高组织的竞争力。

**2. 创新思维**

领导者具备创新思维和创造力，能够发现和利用机会，带领团队获得更好的发展。比如，领导者应具备敏锐的洞察力，能够发现市场和行业的变化趋势，以及潜在的机会和挑战。他们能够通过对市场和行业的深入了解，预测未来的趋势和变化，从而为企业制定正确的战略决策。同时，领导者还需要具备创新思维，能够不断地寻找新的解决方案和创新点，从而推动企业的发展和进步。领导者能够打破传统的思维模式，挑战现有的规则和惯例，创造出新的商业模式和产品。领导者的创新思维是他们成功的关键因素之一。他们能够不断地寻找新的解决方案和创新点，从而推动企业的发展和进步。同时，领导者也能够在风险和机会之间做出权衡，制定出最优的决策方案。

**3. 影响力强**

领导者能够以自己的言行和行为，影响和激励员工的行为和态度。领导者能够以自己的行动和言语，传递出积极的信息和价值观，让员工感受到自己的价值和重要性，从而激发员工的积极性和创造力。

影响力强的领导者往往具备良好的沟通能力，他们能够清晰地表达自己的想法和意见，同时也能够倾听员工的意见和建议，从而建立起良好的沟通渠道和信任关系。领导者应该与员工建立起良好的人际关系，了解员工的情感和需求，同时也能够分析和解决问题，从而有效地管理和领导团队。同时，领导者还需要具备较强的领导力和管理能力，能够制定出明确的目标和计划，并且能够有效地组织和管理团队，从而实现团队目标。

**4. 合作能力**

领导者具备团队合作能力，是指他们能够有效地与团队成员合作，协调各方面资源，实现组织目标。这种能力是领导者必备的核心素质之一，因为一个领导者的成功与否，往往取决于他是否能够有效地协调和管理团队。

领导者的团队合作能力强，这意味着他们能够与团队成员建立良好的关系，以便更好地合作。领导者需要了解团队成员的优点和缺点，以便更好地分配任务和职责，使每个人都能够发挥自己的最大作用。此外，领导者还需要鼓励团队成员之间的合作和互助，以便更好地实现团队目标。

另外，领导者还需要具备协调能力。这意味着他们能够有效地协调各方面资源，包括人力、物力、财力等，以便更好地实现团队目标。领导者需要了解组织的各个部门和职能，以便更好地协调各方面资源，确保组织的各项工作能够顺利进行。此外，领导者还需要具备解决问题的能力，以便在面对各种挑战和困难时，能够及时采取有效的措施，保证组织正常运转。

**5. 学习能力**

变革领导力理论中，领导者还需要具备较强的学习能力，能够不断地学习新知识和技能，并且能够适应不断变化的环境。这种能力对于领导者来说非常重要。领导者具备学习能力，意味着他们能够不断地学习新知识和新技能。这种能力使得领导者能够更好地理解自己的行业和市场，从而更好地制定战略决策。领导者还能够通过学习来提高自己的领导能力，例如，学习如何更好地沟通、如何更好地管理团队等。

同时，学习能力也可以提高领导者对不断变化的环境的适应能力。现代社会变化非常快，领导者必须能够适应这种变化，才能够带领团队取得成功。领导者需要能够快速地调整战略决策，以适应新的市场和行业趋势。领导者还需要能够适应新的技术和工具，以提高团队的效率和生产力。

## 四、领导力的类型划分

领导力也可以被称为凝聚力和感召力，是领导者通过个人的素质以及其他特征的综合作用凝聚和感召特定人群的力量。领导力是领导系统的根本，当一个组织的领导者有较强的领导力时，就能够促进组织的成长以及可持续发展。领导力也是组织不断发展和完善的驱动力。在一个公司的发展过程中，领导力是公司发展的灵魂。因为领导者的领导风格在一定程度上会影响着团队以及公司的发展方向。因此，企业领导者需要找到一种最适合公司发展的领导风格，这样才能够让整个公司的发展更加和谐。

正所谓“知人者智，自知者明”，领导者需要能够“知人”，充分了解团队中的每一个成员，才能够做到知人善用。同时也需要有高度清醒的“自知”，即对自我有清晰的了解和认知。很多企业领导者在管理团队的时候总会遇到各种各样的问题，当问题出现的时候，总认为是团队的问题，但实际上，领导者的领导风格也是决定团队运作是否和谐的关键。当领导者的领导风格并不适合团队时，很容易导致团队内部矛盾百出。那么，领导者应该适用何种领导风格才能够促进团队的成长和发展呢？在此之前，我们需要认识几种领导力的类型，具体有以下六种（图 1-1）。

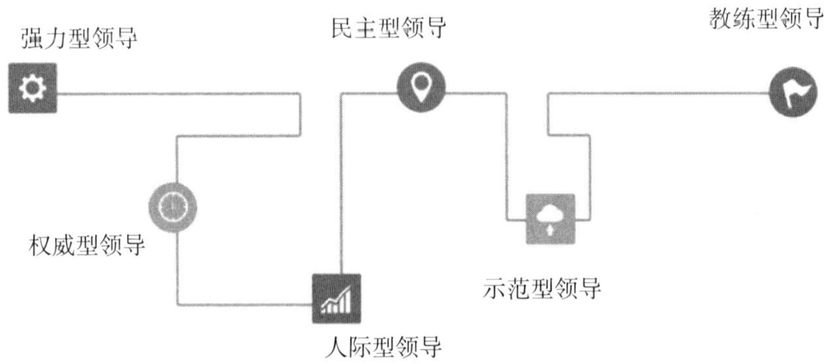


**图 1-1　领导力的六种类型**

一是强力型领导。在这种领导风格下，领导者的管理和个人行事风格在团队中非常明显，即领导者在团队中的地位是非常强势的，通常做事情或者决定时不会讲述理由。当领导者是强力型领导时，团队里的人经常处于被动的状态，只是去完成领导者布置的任务，缺乏足够的主观能动性。长此以往，团队会逐渐缺乏前进的动力和发展的活力，因为整个团队只有领导者有主动权，团队的成员只会在持续的被动中厌恶工作。在这种领导风格下，团队的工作氛围也会逐渐走向负面和消极，更不用说绩效的提升了。

二是权威型领导。在生活中，人们大多是相信权威的，如在购买商品的时候更加相信权威人士的推荐。人们在工作中也是一样，团队中有权威的人很容易得到大家的信任和尊崇。在一些团队中，领导者的领导风格就是权威型领导，他们通常不会简单地给员工布置任务，而是让每一个任务都变得有意义。在权威型领导看来，团队的目标应该是先实现员工的梦想，然后是整个团队的发展规划。通过将员工的梦想与团队的目标进行结合，不仅能让员工实现自己的目标，而且是在促进团队的发展，拥有这种领导风格的领导者往往会在团队中具有权威性，让团队成员能够信服。

三是人际型领导。所谓人际型领导就是指领导者在管理和带领团队中，更加注重的是团队之间的人际关系，他通常被称为“老好人”。因为人际型领导者为了能促进团队之间的关系和谐，往往会采用很多的奖励措施来维持与员工之间的人际关系。这种领导风格的领导者会更喜欢利用奖励措施，而不会采取惩罚措施。在实际的企业管理中，领导者需要做到奖罚分明，才能让整个团队的发展更加和谐。在领导团队的过程中，对好的表现进行嘉奖，对不好的行为进行惩罚，才能让整个团队更加积极向上。

四是民主型领导。相较于人际型领导来说，民主型风格的领导者更能听从团队的意见，并且在进行决策的时候能有更全面的考虑。在这种领导风格领导下的员工，也会对领导者更加信赖，可以在工作过程中充分地发挥自己的主观能动性，表达自己的意见和想法。这种领导风格下的团队很容易出现一个问题，那就是效率问题。如果领导者过于民主，一直关注与征求团队的意见，缺乏足够的执行力，很容易导致工作停滞不前。因此，民主型风格的领导者需要懂得在决策前充分民主，在决策后提高工作效率。

五是示范型领导。所谓示范型领导就是在团队中，领导者会承担大部分的工作，而员工却没能充分发挥自己的作用。这种风格的领导者经常不愿意放手，不愿意授权，一旦遇到员工的工作效果难以达到预期时，领导者就会自己去完成这部分工作，尽管在一定程度上能够促进工作的顺利进行和开展，但是并不利于团队的发展。真正的团队应该是所有人共同进步和发展，每个人都能够发挥自己的作用，并不断地朝着目标前进。因此，示范型的领导者应该尽可能地放手和授权，充分发挥员工的主观能动性。

六是教练型领导。这种领导风格是相对于示范型风格的领导者而言的，教练型领导风格的领导者更能够明白如何发挥团队内成员的潜力，而不只是让自己的能力得到展现。在这种领导风格的领导下，领导者和团队都明白团队的发展依靠的是每一个成员的努力，而不是靠领导者一个成员的付出。因此，教练型领导更多的是学会如何利用团队的力量，如何让每一个人的能力得到锻炼，从而促进整个团队的发展。相较于直接示范性地揽下所有的工作，教练型领导风格的领导者更多是能够以身作则地去带动团队学习，促进整个团队迸发出更多的活力。

学习力就是一种竞争力，没有人是生来就适合当领导者的，成为一个卓越的领导者也是需要不断学习的。首要的就是要找到一个合适的领导风格，因为在团队中，领导风格在很大程度上会影响团队的整体氛围和发展，当一个团队的领导风格适合团队的发展时，就能让每个成员有足够的动力去发挥自己的才能，最终促成整个团队目标的实现。因此，领导者需要在众多的领导力类型中找到最适合团队的，让员工的能力在工作中得以提升，从而促进整个团队的竞争力提升。

# 第二章 领导力提升的重要性

全球知名的人力资源管理咨询专家戴维·尤里奇认为，虽然没有人质疑领导力对于组织发展的重要性，但是在整个组织中领导者仍然遇到了持续的挑战。因此，现代企业以及组织中的领导者必须思考如何在组织内建立领导力，以及如何提升领导力，从而让员工能够发挥出自身的潜力，促进整个企业和组织的发展。而提升领导力的关键就是要让领导者能够在企业或者组织内创建自己的领导力品牌，让领导力在整个企业或者组织的发展中更加具有活力。就我国的组织的领导力而言，尽管在近些年有了一些发展，但仍然存在许多问题。要想让我国组织的领导力得到提升，首先要明确我国组织的领导力的现状，以及影响组织领导力提升的因素。因此，本章将从我国组织的领导力存在的问题，我国组织的领导力提升的需求和影响我国组织的领导力提升的因素三个方面来进行分析，从而阐释提升领导力的重要性以及提升领导力的关键所在。

## 第一节 我国企业的组织领导力存在的问题

随着我国企业对于组织领导力认识的不断深入，我国的组织也越来越重视领导力的建设和发展，对于领导力建设和发展的投入也在不断加大。其中，我国有近四分之三的企业都在逐步加强企业领导力的建设，并且更加重视领导力发展的质量。随着这些关注和投入的显著增强，尽管我国企业组织的领导力得到了一定程度的提升，但是，总体而言，在质量和成效上仍然有很大的提升空间，领导力的发展仍然存在着诸如领导人才匮乏、领导力普遍质量不高、领导力提升成本较高等问题。

## 一、领导人才匮乏

正所谓“一年之计，莫如树谷；十年之计，莫如树木；终身之计，莫如树人”，人才的重要性一直以来都是全社会关注的焦点。我们常说企业或者组织需要进行不断创新和优化，才不会被时代所淘汰，而企业或者组织的创新与优化更多地是依靠人才的力量，需要每个人发挥自己的潜力为企业或者组织的发展出谋划策。因此，要想让企业得到发展，首先要关注人才的发展。根据人才涉及的领域以及人才发展的阶段等，我们可以将人才分为很多类型，在这些类型中，领导型人才的发展至关重要。

要发挥人才的效用和潜力，就要学会善用人才。人才的善用就要依靠领导者才能的发挥，领导者不仅需要辨别自己需要的人才，同时也要学会如何去激发人才的潜能。当一个组织规模较小时，领导者需要利用自己的才能和专长，带动企业或者组织的发展。当一个组织的规模较大时，领导者则需要学会去确立目标和用人。像柳传志所言：“定战略，搭班子，带队伍。”所谓定战略就是确定目标。这并不是一个简单的事情，领导者需要在充分分析目前的情况以及自身的优势的基础上找到一个发展方向，并让所有人都能相信这个方向是可行的，并在自己的带领下坚定地朝着这个目标前进。一个正确的目标是一切事情的基础，这也是领导者众多能力的基础。

而柳传志所说的搭班子、带队伍就是用人，这其中包含了两个方面：一方面要学会辨别人才，就像伯乐能找到千里马一样，领导者要能从众多的人才中找到适合自己发展目标的人才；另一方面就是构建队伍，当领导者发掘到人才之后，如何用人并构建一支强大的队伍也是领导者用人能力的一部分。领导者需要给团队里的每一个人分配合理的任务和权限，需要有足够的心胸和格局，将所有人都团结在一起，让这些人才为共同的目标而奋斗。由此可见，领导人才对于企业或者组织的发展至关重要。然而，我国适合组织的领导人才仍然存在很大的匮乏，这其中的原因主要在于以下几点（图 2-1）。

**1. 发展领导力周期较短**

在以自给自足的农业经济为主的时代，中国在国家和社会的领导上的认知相对单一，因此，领导方式和领导内容都相对简单，对于领导力的认识并不是非常全面和深入。而当改革开放以后，各类企业和组织都逐渐兴起，人们逐渐认识到了领导力在企业和组织发展中的重要性。然而，尽管人们的认识有所提升，但是由于发展时期较短，人们对于领导力理论和实践经验的积累并不丰富，就导致真正的领导人才少之又少。

图 2-1　我国的组织的领导人才匮乏的原因

**2. 对于领导人才和管理人才的误解**

纵观我国领导人才的现状，尽管在近些年已经加大了领导人才建设的投入，但仍然存在着领导人才匮乏的问题。这其中很重要的一个原因是人们没有真正意识到什么是领导人才。很多时候，一些企业和组织都会将领导人才与管理人才之间画上等号，认为会管理的人才就是企业或组织所欠缺的领导人才。这是一个很大的误区，有的领导人才的确是由管理人才发展而来的，但并不是所有的管理人才都可以被看作是领导人才。那么，领导人才和管理人才的区别具体指的是什么呢？

首先，二者的核心不同，领导者在团队中发挥的更多的作用是他的影响力，领导者可以利用自己的职位权威、人格魅力、行事作风或者领导方式赢得团队的信赖和尊重，让团队能够朝着一个目标前进。管理者在团队中更多的职能是指导和监督，他需要对团队里每个人的工作进行监督，从而促使最终目标的实现。同时，他还需要进行决策的制定和资源的分配，并指导团队完成工作。

其次，是二者关注的重点不同，领导者关注的更多是做正确的事，即整个团队的方向否是正确，更强调一件事情最终会实现什么样的结果，而管理者则更关注如何做正确的事，即如何去更好地完成目标，更强调工作的效率问题，在一定程度上管理者是对领导者负责的，是辅助领导者的。也正是由于人们对于管理人才和领导人才的认知存在误解，导致国内领导人才建设的投入产出效果甚微。

**3. 人们缺乏领导意识**

很多人都认为自己没有办法成为一个领导者，或者认为即便是拥有了领导力也无处可使，自然就不会去学习与领导力相关的知识。然而，领导力是一种具有极强实践性的能力，它不仅存在于一些大型的企业或者组织中，也存在于我们生活的方方面面。一个学校需要领导者来促进学校的正常运行，一个班级需要领导者来保持班级的秩序，一个家庭也需要有领导者来维系家庭的和睦。因此，每个人都应该具备一定的领导意识，相信领导力在我们生活中的作用和影响。

然而，虽然改革开放加速了我国经济的发展，但是人们的领导力意识并没有得到提升，导致我国领导人才极度匮乏，造成现存的领导人才能力和数量与企业和组织发展之间不匹配的矛盾。要解决这个矛盾，就必须树立起领导力意识，要学会从领导者的角度看问题，在领导他人之前，学会自我领导，让更多的人树立起正确的领导观念。只有这样，才能培养更多的领导人才，让现有的领导者能够提升领导能力，从而缓解我国领导人才匮乏的局面。

**4. 现有的组织的领导者不具备与组织发展相匹配的领导能力**

目前，我国领导人才匮乏很重要的一个原因就是，领导者并不具备企业或者组织发展所需的领导能力。企业和组织培养领导力并不是一朝一夕的事情，领导力是否能够促进企业或组织的发展，还需要看领导者所具备的领导知识、领导能力和领导素质是否与企业的工作和业务相匹配。领导人才的建设和培养与业务的融合性、流程的统一性以及业务影响力息息相关。尽管很多的企业对于领导人才能力的培养都进行了很大的投入和支持，但是仍然有很多企业领导者的领导力与自身的业务并不能实现完美的融合，或者是融合性仍然有待加强，这也是导致我国领导人才匮乏的原因之一。

## 二、领导力普遍质量不高

随着我国经济的不断发展，越来越多的企业规模不断扩大，市场竞争环境逐渐激烈，企业对于领导型人才的需求也越来越大。尽管领导力的发展已经引起了我国相关部门和企业的重视，对领导力的发展也投入了许多的资源，但领导力的发展仍然存在着发展成熟度有待提高、发展效果不佳以及发展资源分配有待优化等问题，所以我国组织的领导力现状仍然有很多需要改进的地方，除了前文所提到的领导人才匮乏外，现存的领导力普遍质量不高也是如今企业和组织面临的主要问题。

领导力质量不高，一方面是由于领导力发展不完善，对领导力新鲜血液的输入没有达到既定的目标。另一个方面则是由于原本的领导力基础薄弱，不符合现在企业或组织发展的需求。这主要是因为原本的企业都是较为粗放式的增长，而且企业所处的市场环境也较为稳定，无论是企业的内部发展还是外部环境，对于领导力的要求并没有那么高，而随着企业或组织的不断发展，规模扩大和业务增长，这些都对企业领导力的发展提出了新的要求，因此，也就形成了现在的领导力质量不符合需求的现状。具体而言，有以下几种表现（图 2-2）。

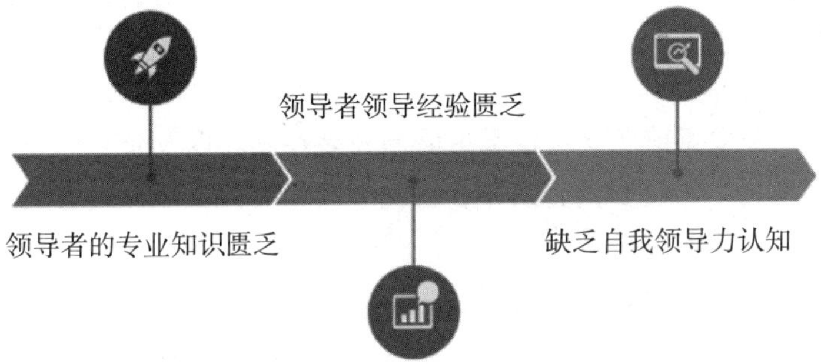


**图 2-2　我国的组织的领导力质量不高的表现**

### 1. 领导者的专业知识匮乏

领导者在企业内不仅承担着带领团队的责任，同时也需要对企业的发展、市场的变化等有深刻的了解，对企业的业务逻辑以及发展环节有清楚的把握，这就要求领导者必须具备一定的专业知识，这样领导者才能够了解企业的发展以及市场环境的变化，做出正确的决策。此外，领导者具备一定的知识储备也是塑造领导力的关键，当领导者有足够的知识和经验时，在带领团队的过程中就能够令人信赖，让员工更加相信领导者所做的决定。

然而，我国的企业领导者在知识结构上存在着很大的缺陷，一方面是专业知识不够，很多领导者在企业创立初期并不是借助自己的专业知识获得领导地位，而是因为自身的影响力得到他人的认可，尽管在企业发展前期他们能够带领团队获得一定的成功，但是随着企业发展规模的扩大，领导者知识的匮乏就会逐渐引发一系列的问题。另一方面则是因为知识结构的不平衡，很多领导者可能只具备一些技能性的知识，对于领导和管理等方面的知识并不熟悉。在企业发展初期，由于规模的限制，领导和管理的重要性并没有那么突出，但随着企业规模的扩大，对领导者的管理能力要求的提高，领导者领导知识匮乏的弊端就逐渐显现出来。

**2. 领导者领导经验匮乏**

在我国经济飞速发展的阶段，很多企业领导者并不具有领导经验，即便是一些发展历史较长的企业的领导者也并没有太多领导经验。在企业发展的初期，由于正好处于我国经济快速发展的阶段，加上各项政策的支持，企业发展非常迅猛，在这一个阶段，企业发展以及内部的矛盾并不突出，对于领导者领导力的要求也并不显著。但随着市场环境的不断变化，企业所面临的发展环境的复杂性给企业发展带来了很多的问题，如何带领团队，如何正确决策等都是领导者需要面临的问题。

然而，正是由于前期没有积累足够的领导经验，以及企业的发展长期依靠同样的一种模式，让很多企业领导者在现今的领导过程中问题迭出。其中，主要表现为以下三个方面：

一是领导者缺乏果断决策的能力。在面对复杂的市场环境以及瞬息万变的发展状况时，很多领导者缺乏相应的领导经验，常常在决策或者处事的时候犹豫不决，很容易导致企业错失发展良机或者造成企业发展的停滞，让企业的发展受到限制。

二是领导者的沟通协调能力不强。随着市场竞争的不断增强以及外部环境的变化，企业在发展过程中难免会遇到各种各样的问题，企业内部的矛盾也会不断被激化，领导者此时需要有极强的沟通能力和协调能力，才能化解团队内部的矛盾，促进企业的发展。然而，很多领导者缺乏与同级以及下属沟通的能力，导致企业发展受到阻碍，并极大地影响了企业的凝聚力和向心力。

三是有些企业领导者缺乏正确面对问题的态度。由于借助我国经济的快速发展，很多企业在发展过程中都非常顺利，即便有一些问题也是可以解决的，这就导致很多企业领导者缺乏面对失败的正确态度，当市场环境突变以后，很多领导者就呈现出了消极的态度，或者过于急功近利，导致企业的发展受到严重的影响，这些都是由于领导者缺乏丰富的领导经验导致的。

**3. 缺乏自我领导力认知**

在市场处于繁荣状态时，很多企业即便领导者没有非常优秀的领导力，也能够带领企业实现飞速发展，导致很多领导力缺乏的弊端不能够及时地显现出来，甚至让一些领导者不能正视自己领导力上的问题。再加上领导者身份的特殊性，很少有人能直接指出领导者在领导力方面的问题和缺失，导致很多领导者对自身的认知不足。当领导者没有办法看到自己身上的问题时，很容易出现固步自封和墨守成规的情况。

不论是领导者缺乏专业的知识，缺乏领导经验，还是缺乏自我领导力的认知，都是领导力质量不高的体现。而领导力不足会影响企业或组织发展的各个方面，不仅会导致企业业务发展效率低下或停滞，还会造成企业的损失或让企业陷入被淘汰的危机。具体而言，领导力的低下给企业带来的影响具体如下：

首先是企业管理混乱和效率低下。正所谓，“兵熊熊一个，将熊熊一窝”，如果一个领导者没有足够的领导力来带领自己的团队，就很容易导致企业内部出现管理混乱以及效率低下的问题。因为领导者承担着维护企业内部的秩序以及激发员工效率的责任，当一个领导者没有足够的领导力去影响自己的团队时，必然会导致团队氛围的低下以及发展缓慢等问题。其次是导致企业或组织发展停滞。一个企业和组织要想得到发展，领导者的领导力必须是与目前的业务需求相匹配的，当领导者的领导力不能够满足企业或组织业务发展需求时，必然会导致企业或组织内部矛盾的加剧，进而造成发展的停滞。

领导力质量不高会对企业造成很大的负面影响，在如今复杂的环境下领导者要想让企业实现可持续性的发展，就必须解决领导力不足的问题。如领导知识缺乏，可以通过不断的学习来解决，同时也需要提高对自我领导力的认知，并投入精力和时间来解决领导经验不足的问题。此外，也可以通过建立领导人才体系，识别和塑造有能力的领导人才支持企业的发展。

## 三、领导力提升存在成本较高现象

领导力对于企业和组织发展的重要性是不言而喻的，正如拿破仑所说：“一只狮子带领的绵羊队伍，可以打败一只绵羊带领的狮子队伍。”领导者是否具有足够优秀的领导力对于一个企业或组织的发展是至关重要的，因为，领导者在团队中承担着充分利用一切资源、带领团队以最小的成本和最高的效率实现目标的任务。领导力与企业的发展是密不可分的，一个企业和组织要想得到发展，就必须提升其领导者的领导力。

但就我国目前的组织的领导力而言，如上文所说，尽管随着我国对于领导力的认识逐步深化，并且加大了领导力建设的投入，但是我国的组织的领导力仍然存在着人才匮乏和质量不高等问题，这也从侧面反映了我国组织的领导力的发展和提升并没有取得预期的成效，领导力提升的策略没有成功地达到预期的效果。很重要的一个原因是领导力提升成本的问题，领导力的提升并不是一件容易的事情，需要领导者克服一切外界阻碍和内部的矛盾冲突，并且要不断提升领导者的个人素养等。但是，随着市场环境以及人们价值观的不断发展和变化，领导力提升的成本也逐渐增加。其中，影响领导力成本提升的原因主要有以下几种（图 2-3）。

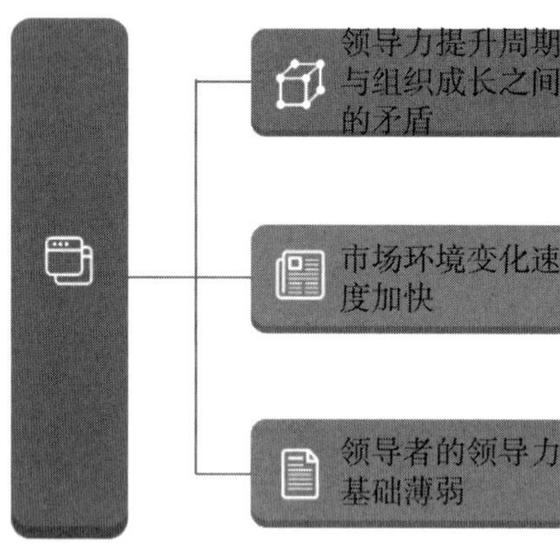


**图 2-3　领导力提升成本加剧的原因**

一是领导力提升周期与组织成长之间的矛盾。领导力的塑造和提升并不是一件短期的事情，从领导者个人素质的培养来说，领导者需要花费很长时间和很大精力来塑造自己的个人品德。当然，除了领导者本人需要有足够优秀的个人品质外，领导者也需要具备影响他人的能力，因为领导者需要通过自己的行为和品质，以及对待员工的态度来影响员工的行为，让员工能够有更大的积极性和主动性来对待工作。

同时，员工的流动性日渐增强则是目前领导力提升面临的一个困境。随着市场环境的变化以及企业或组织内部发展的需求，企业员工的流动性在明显增强。但很多提升领导力的方法是建立在长期培养的基础之上的。企业领导者对于员工的影响是建立在实践基础上的，即便是员工对于领导者产生信赖和尊重也是要以实践为基础的。但是，员工流动性的增强在一定程度上破坏了领导力塑造和提升的连贯性和长期性，使领导力的提升成本和难度加大了。

二是市场环境变化速度加快。进入21世纪以后，我国的经济发展以及市场环境都发生了巨大的变化，尤其是移动互联网的发展，更是为很多企业和组织带来了新的发展契机。在这种多变的市场环境中，很多企业因为没能顺应时代的变化而在市场竞争中逐渐被淘汰。即便有的企业能够根据市场的变化做出相应的调整，但是，这些新的技术和模式对于领导者来说，仍然需要一个掌握的过程。在领导者提升领导力的过程中，市场环境也在随时发生着变化，新的技术，如人工智能等都对领导力的发展提出了新的要求，这意味着领导力的提升需要紧跟市场的变化，领导者的付出要更多一些。

三是领导者的领导力基础薄弱。在现在国内很多企业和组织中，领导者实际的领导力是相对薄弱的。因为很多企业的发展很大程度上是依靠市场环境的发展以及政策的支持，领导力并没有占据太大的影响地位，因此，很多即使不具备任何领导知识或者经验的人，只要具备一些影响他人的能力，就能够带领团队，并利用市场环境以及资源优势促进企业的发展。

随着企业发展规模的扩大以及业务的不断升级，企业的发展对于领导力的提升提出了新的要求。领导者需要具备更多的专业知识和领导经验才能够真正地带领企业发展，但领导力基础薄弱的问题则是目前领导力提升面临的阻碍之一，也是领导力提升成本加剧的原因。成本的增加对于领导力提升来说，无疑加大了提升难度，领导者在提升领导力的过程中需要付出更多，简单来说，有以下两点：

首先是领导者需要付出更多的时间和精力。在领导力提升的过程中，领导者需要积累足够的行业知识和经验，以自己良好的行业背景和经验对员工产生正面的影响。只有当领导者有足够的行业知识和强大的背景，其才能准确地把握企业所在行业的市场、竞争、产品和技术状况，制定出更加准确的决策。此外，具备一定的行业经验也能让领导者在组织内和行业内拥有良好的人际关系。但是，行业知识和经验的积累需要一个长期的过程，需要领导者在清楚认识自身领导力的基础上，保持谦虚的心态去学习和积累。

其次是领导者需要能够拥抱变化并适应变化。相较于千变万化的市场环境而言，如今很多的企业在发展之初，市场环境是相对平稳的，甚至有很多企业是借助市场发展的契机而发展起来的。随着经济和各类信息技术的不断发展，尤其是互联网的发展，很多企业竞争者会借助互联网，成功占领大部分市场。面对这些变化，领导者领导力的提升需要面临的成本相较于以往来说会更高。领导者需要能够快速地适应这些变化，并找到在这些变化中发展的方法，尝试去拥抱变化和适应变化，才能带领企业在变化中拥有一席之地。

## 第二节　领导力提升的需求

随着对领导力的认识不断深入，我国的企业和组织对于领导力的建设也逐渐重视起来，尤其是一些大型企业更是加大了对领导力建设的投入。然而，从我国企业和组织的整体发展上来看，近些年尽管我国企业和组织有了很明显的发展，但是整体的自然淘汰率仍然非常高，尤其是一些中小型企业，在日渐严峻的竞争中面临的生存压力也显著增加。作为企业经营活动的主体，领导者在企业的发展中发挥着不可替代的作用。领导者的领导力水平直接影响着企业的发展。因此，企业要想能够实现有效有序的发展，提升领导力是当务之急。

只有当企业领导者的领导力水平得到进一步提升时，才能带领自己的团队不断朝着企业的目标前进。企业领导者需要将这种领导力逐渐转变为创造力和影响力，带领团队成员不断地发挥自己的潜能，为企业的发展添砖加瓦。当然，除此之外，企业领导者提升领导力水平的需求还包括外部的市场环境变化对领导力水平要求的改变。总体来说，领导力水平的提升包括内部需求和外部需求两种，本小节将从这两个方面对领导力的提升需求进行详细叙述。

### 一、领导力提升的内部需求

领导力提升最直接的影响自然是企业或者组织本身，当领导者提升自己的领导力之后，也能够让整个企业的发展变得更加稳固和有序。当然，现在很多企业由于在发展前期更加注重经济效益的创造，并且在前期主要是以粗放式的经营为主，并没有对领导力的发展有过多的关注。随着企业发展规模的不断扩大，以及企业所面临的竞争压力逐渐增强，企业或组织要想实现进一步的发展，就必须对原本的发展模式做出改变，其中非常重要的一点就是要提升企业领导者的领导力，为企业和组织的发展提供一个强有力的动力。

当一个企业领导者的领导力得到提升时，企业就能获得很大程度的发展。相较于企业的其他成员来说，领导者不仅意味着拥有更多的权限和地位，还意味着领导者在企业的发展中具有非同寻常的意义。这里的意义则主要来源于企业领导者所承担的责任，在企业的发展过程中，领导者不仅需要带领团队，还需要对企业的发展进行科学的决策，对企业的目标进行管理，并确保企业的业务能够实现高效运转。因此，领导力的提升能够实现企业快速的发展。而这些职责也构成了企业内部对领导力发展的需求，具体而言有以下几点（图 2-4）。

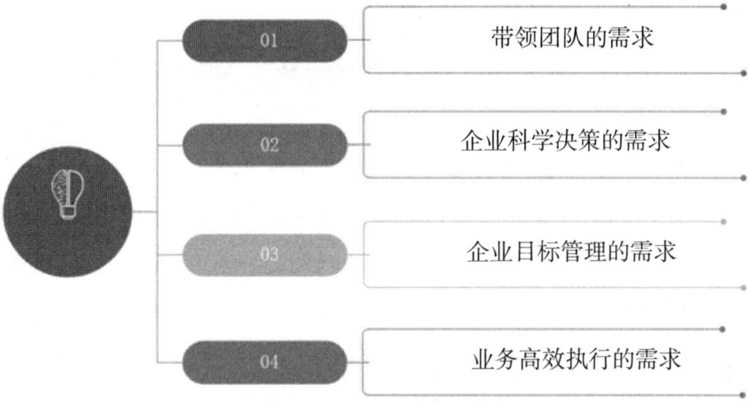


**图 2-4　领导力提升的内部需求**

首先是带领团队的需求。每一个领导者最根本的职责是带领好团队，对团队里的成员产生积极的影响，用自己的言行或者个人品德来影响团队的成员，从而促进员工积极性的提高以及企业的发展。当然，并不是每一个领导者都具备影响他人的能力，有的领导者会滥用自己的职权和地位等对员工施压，这样不仅无法形成强有力的领导力，还会对企业的发展产生负面影响。有的领导者对于员工的管理过于放任，自己不参与任何的决策或者计划的实施，而是将所有的任务都交给员工。在这样的领导方式下，企业就像没有了方向，很容易走向衰败。

因此，领导者要想掌握正确的领导方式，带领团队不断地实现目标，就必须提升自己的领导力。这里领导能力的提升，既包括领导者个人品德的提升——以优良的品德和领导方式来影响他人，让员工能够对领导者产生更多的信任与尊重；也包括领导者领导风格的转变——领导者需要找到最适合团队的领导风格，找到能够激发员工潜力的方式，让员工积极地发挥自身的潜能，积极主动地去工作，并让这种积极的工作态度和对领导者的信任影响到他人，让整个团队都迸发出全新的活力和生命力，从而促进企业目标的实现。

其次是企业科学决策的需求。领导者在带领团队和经营企业的过程中，会遇到各种需要进行决策的时刻，一个成功的决策往往能够让企业得到进一步的发展，一个错误的决策则往往会对企业造成一定的损失。领导者进行决策通常是依靠自身的知识、掌握的经验以及决策水平。所谓决策水平就是领导者在进行决策时所采取策略的高低，这是由领导者所具有的学识、格局和远见所决定的，而这些因素也是影响领导力的重要因素。也就是说，领导者要想进行科学的决策，就需要提升自己的领导力，让自己能够掌握足够多的知识和经验，从而进行科学的决策。

再次是企业目标管理的需求。任何一个企业或者组织要发展，就必须有一个清晰、具体的目标，这个目标就像是海上的灯塔，不断地为企业或组织的发展指明正确的方向。如果在企业或组织的发展中，没有一个清晰的目标指引，团队的成员之间就会缺乏凝聚力和团结性，企业或组织自然就不会形成足够的竞争力，无法在激烈的市场竞争中占据一席之地。或者企业或组织在发展的过程中，虽然制定了详细的目标和计划，但是领导者缺乏目标管理和掌控的能力，使团队在实现目标的过程中常常偏离方向。因此，企业或者组织的发展需要有一个强有力的领导者，不仅能为企业或组织设立清晰明确的目标，同时也能做好目标管理，让团队的成员朝着目标不断前进，从而实现企业或组织的发展。

最后是业务高效执行的需求。一个企业或组织的发展不仅需要有明确的目标，更需要的是以最大的效率去实现这个目标，即尽量缩短目标实现的时间。因为随着经济的不断发展，企业之间的竞争逐渐激烈，并且市场环境在不断地发生着变化，企业需要提升自己的发展速度，让企业能够在激烈的市场角逐中占据一席之地。那么如何提升企业的发展速度呢？一方面要提升团队的工作效率，另一方面要提升领导者的领导力水平。

就前一种方式而言，当团队里每个人的工作效率都得到提升，就会让业务的进行和推进变得更加高效，对于团队的发展有一定的帮助。就第二种方法来说，提升领导力不仅能促进团队成员效率的提升，还能保证企业的发展达到事半功倍的效果。因为领导力的提升能让领导者做出正确的决策，能让员工在正确的事情上努力，不是将时间浪费在无用的事情上，从而让员工的每一分努力都能得到回报，这样就极大地提升了企业发展的速度，让企业的业务能够实现高效的运转。

总体来说，企业领导者承担着带领团队、科学决策、目标管理和保障业务高效运行的责任，而这些责任也是影响企业实现发展目标的重要因素，同时也是企业在发展过程中的小目标。如果企业领导者能够通过提升自己的领导力，将这些小的目标一个个实现，就能激发团队成员的潜力，共同实现企业的最终目标。

## 二、领导力提升的外部需求

进入 21 世纪以来，企业或组织所面临的商业大环境不断发生着变化，经济全球化进程不断加快，大数据的发展以及各类新兴技术的革新等，都给企业和组织的发展环境带来前所未有的影响。尤其以移动互联网的发展带来的影响最为显著。移动互联网的发展让企业或组织面临的市场环境逐渐变得复杂和难以预料，有的企业可以凭借互联网上的一个热点瞬间被大众所熟知，并逐渐占领市场；而有的企业却因为竞争者的不断加入和没有跟上时代发展的步伐而逐渐被淘汰。市场是瞬息万变的，企业的发展也是难以预测和不断变化的。

当然，不少企业或组织的领导者也逐渐感受到了这种变化，并开始对这种市场环境进行研究和分析，在总结市场环境变化的多种特点之后，VUCA 一词便逐渐出现在大众的视野当中。VUCA 最初是 20 世纪 90 年代的军事用语，这四个字母分别代表了 variability（易变性）、uncertainty（不确定性）、complexity（复杂性）、ambiguity（模糊性）（图 2-5）。这种特性也正好符合当下不断变化的商业环境，因此，VUCA 也被不断用于企业或者组织发展的战略思想中，用来描述企业和组织发展过程中所面临的外部商业环境。

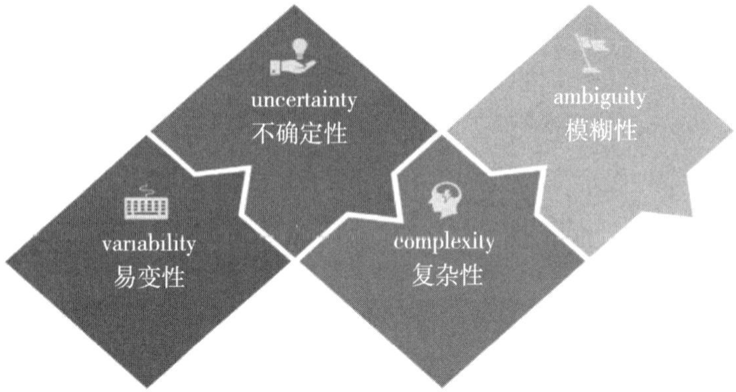


图 2-5　VUCA 时代的含义

换言之，进入 21 世纪以后，企业和组织发展所面临的商业环境主要呈现出易变、不确定、复杂和模糊的特点。面对市场环境发生的变化，领导者要想让企业在高度动态复杂的环境中保持生命力，不被市场的变化所淘汰，就必须让自己的领导力得到进一步的提升。只有这样，领导者才能够在面对一些复杂的问题、企业的升级发展和提高业务效率等方面有更好的策略和解决办法，从而适应时代的变化和实现企业的发展目标。然而，纵观我国的企业和组织的领导力发展现状，我们可以发现很多企业的领导力并没有跟上环境的变化，没有达到适应环境变化的水平。快速变化的商业环境已经给企业的领导力提出了新的要求，主要表现在以下几个方面：

首先是商业时代变化给企业的发展带来了巨大的冲击。在很多企业或组织发展的前期，商业环境都是较为稳定的，企业领导者可以对市场现状以及可能产生的变化做出清晰的预测，因此，很多企业领导者在长期的发展过程中，面对可能出现的问题，基于自己的知识和经验也已经形成了一套固定的模式和方法。然而，随着信息技术和移动互联网的不断发展，人们的生活方式以及社会组织结构都发生了巨大的变化，而这些变化不断考验着企业的应变能力，不论是经济全球化下快速变化的市场环境和行业竞争的不断加剧，还是人类价值观念等方面的变化，都对企业提出了更高的要求。

在这样的冲击之下，如果企业的领导者不能迅速地调整现有的战略和模式，对企业的业务、组织架构以及领导方式等进行相应的调整，就很容易被市场的变化和冲击所淘汰。在这样的自然淘汰中，即使是商业巨头也难以幸免。以人们现在几乎人手一部的手机为例，在手机刚出现在人们生活中时，诺基亚和摩托罗拉等品牌曾一度占据了大部分市场，成为传统手机行业的巨头。但是，随着时代的发展和市场的不断变化，这些行业巨头没有做出相应的改变，逐渐被苹果、华为等公司所取代。因此，不论对于企业还是组织来说，不管曾经有多么辉煌的发展历史，在市场环境不断变化的冲击下，企业顺应时代的发展去提升领导力才是关键。

正如经济学家托马斯·弗里德曼在《世界是平的》中所言，当今世界改变的速度已与过去不同，每当文明经历一个颠覆性的技术革命，都给这个世界带来了深刻的变化。过去数年很多遭受失败的高科技公司给我们敲响了警钟：它们现在面对着无法回避甚至无法预测的挑战，但是缺乏适应这些挑战所必需的领导力、灵活性和想象力。不是因为它们没有意识到这些问题，也不是因为它们不够精明，而是因为变化的速度超过了它们。这个世界是瞬息万变的，企业或组织面临的发展环境也是在不断发生变化的，这些需要企业的领导者不断提升自己的领导力，在适当的时间内对这些变化做出相应的回应。

其次是商业环境变化下，高效领导力成为企业发展的关键。在商业环境骤变的背景下，不仅让企业原有的商业模式或者业务逻辑发生了改变，同时也让领导者在企业或组织内的责任逐渐发生变化，领导力在企业的作用机制中逐渐变得更加重要，企业的发展对于领导力的要求也有了新的定义。简而言之，在VUCA时代，企业和组织的领导者需要承担更多的责任和任务，要想能够在这种不确定的变化中生存和发展，就必须让领导力得到进一步的提升，因为面对变化，积极转变并应对挑战还是消极被变化所冲击，两种不同的态度往往会带来两种不一样的结局。

然而，积极地面对当下这种充满变化和挑战的环境并不是一件容易的事情。很多领导者发现自己掌握的知识和经验在这种不可预知且不稳定的环境中变得无效，所以，如果领导者想要在快速变化的环境中实现企业的目标，在提高领导力的同时，还需要提高领导者的灵活性和适应性，能够及时地针对环境的改变做出相应的调整。只有领导者拥有卓越的领导力，才能够在快速变化的环境下，对企业的发展、转型和人才培养等做出正确的决策，从而实现企业的发展目标。

那么，在各行各业都面临复杂的、不可预测的以及模糊的变化时，如何才能提升企业的领导力呢？宝洁首席运营官罗伯特·麦克唐纳已经给出了答案，面对多变的商业环境，宝洁仍然能够占据极大的市场并日益强大，宝洁获得成功的原因就是学习的能力以及保持学习的能力。能够通过不断学习提升自己应对变化的领导力是每一个企业领导者应该追求的目标。当然，不只是领导者，企业和个人都需要改变自己的思维模式，重新认识自我、团队和业务，从而跟随变化的环境，改变自己原有的领导方式和行为，重新塑造领导力，带领团队积极地应对可能的一切变化。

## 第三节　影响领导力提升的相关因素

领导力是个人带领团体或组织的能力，这种能力会随着环境的改变而发生改变，也就是说，在不同的环境中领导力是不同的。如果说环境是影响领导力的客观条件，那么，领导者本身的能力以及个性则是影响领导力的主观条件。在主观条件和客观条件的双重作用下，形成了不同情景下的不同领导力。例如，从最初的奴隶制度到如今的资本主义制度，从封建制度到社会主义制度，不同的时代需要不同的领导力。又如，在业务简单、规模较小的企业中大多会采取直线型的领导方式，而一些规模较大、业务结构较为繁琐的企业则大多采用的是事业部结构的领导方式，不同的组织规模需要不同的领导力。

因此，当我们在思考如何让自己的领导力得到提升时，就必须先弄清楚影响领导力发展的因素是什么，是时代的需求还是企业规模？或者是领导者个人的人格等？只有明确了影响领导力提升的相关因素，才能知道如何去提升领导力，如何满足领导力提升的需求，让领导力更加符合时代以及组织发展的需要。本节将从影响领导力提升的自身内部因素和外部环境因素两个方面来对领导力提升的影响因素进行介绍，从而为领导力的提升提供借鉴。

### 一、自身内部因素

领导力提升的影响因素可以分为自身内部因素和外部环境因素。自身内部因素主要指的是领导者本身的一些特质和个人行为方式等。领导特质理论认为，很多领导者的身上都会表现出一些相同的特质。尽管并不是所有拥有这些特质的人都可以成为领导者，但是当我们提到领导力提升时，这些特质又会成为不可忽视的因素，也就是影响领导力提升的内部因素。当然，除了领导者的特质外，领导者的一些行为方式也是影响领导力提升的重要因素。具体而言，影响领导力提升的自身内部因素主要有以下几种（图 2-6）。

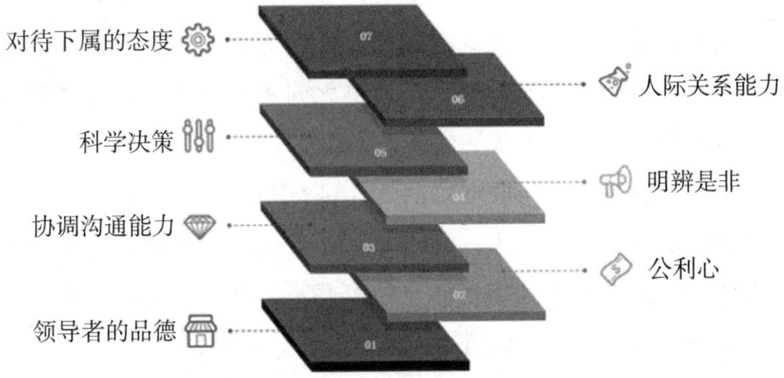


图 2-6 影响领导力提升的内部因素

（1）领导者的品德。影响领导力提升最重要的一个内部因素就是领导者的个人品德，一个领导者是否拥有优秀的品德，是影响其领导力的关键。当一个领导者的个人品德足够优秀时，他就能够用自己的品德来影响自己的团队成员，让团队成员从思想上和行动上都变得更加积极主动，正所谓“以德服人”。在治理国家的过程中，古代君主要依靠自己的良好品德为百姓做出榜样，让百姓心甘情愿地归顺于他。在现代的企业和组织管理中，领导者和被领导者之间尽管不存在君主和百姓之间地位不平等的关系，但由于彼此的分工差异，领导者占据领导的地位，而要想对被领导者产生影响，优秀的品德是重要的因素之一。

（2）公利心。公利心是相对于私利心而言，是指领导者需要以团队的共同利益为主。领导者在带领一个团队时，难免会遇到利益冲突的问题，如个人的利益与团队的利益相冲突，或者一小部分人的利益与整体的利益相冲突。在面对和处理这些矛盾冲突时，领导者应该保持一颗公利心，不能只考虑个人的利益或者一小部分人的利益，要考虑并均衡多方的利益，只有这样才能得到更多人的拥护和支持，从而让自身的领导力得到增强。如果领导者只是考虑自己的利益或者少部分人的利益，会导致自己失去团队其他人的信任，逐渐丧失领导力。

（3）协调沟通能力。领导者是团队中确定方向和制定目标的人，要想让团队里的成员相信自己所制定的目标是可以完成的，方向是正确的，首先就需要领导者将自己的目标和计划清晰地传达给被领导者，而这个能力是领导者需要的沟通能力，也是影响领导力提升的关键因素。作为一个领导者，会面临各种需要解决的问题，并且需要将团队的利益置于个人利益之上，自然会出现员工不理解或者不支持的情况，而此时，与成员之间进行沟通，让成员能够理解并认同自己的做法是领导者必须掌握的技能。

除此之外，领导者还承担着在团队之间进行分工的任务，要让每一个人都能在合适的岗位发挥自己的潜力，此时，领导者就需要有卓越的协调能力。因此，领导者的沟通协调能力对于领导力的提升至关重要，领导者需要用合适的方式进行沟通和协调，才能让事情得以顺利开展，从而提升自己的领导力。

（4）明辨是非。如果说整个团队是一艘船，那么领导者在其中扮演的角色就是舵手，他需要掌控船前进的方向，需要对前方的路线以及可能出现的状况做出判断。尽管领导者并不需要事事亲为，但是领导者需要承担决策和领导的责任，这就需要领导者对企业内部的状况以及外部的环境有非常充分的认知，在做出决断和判断的时候能够明辨是非。只有能够做出清晰判断的领导，才能够得到团队的信任和尊重，否则，就像是古代被蒙蔽双眼的昏君，最终只会被百姓所唾弃。

（5）科学决策。领导者最重要的职责之一是进行决策，而领导者是否采用了正确的决策方式并做出正确的决策是影响领导力的重要因素。当领导者面临一个方案或者计划需要进行决策的时候，绝不是一意孤行或者头脑一热就可以完成的。当然，少数服从多数的方法也不是一个万全之策。真正科学的决策需要领导者结合企业或组织发展的内外部环境，经过严密的分析和论证最终得到一个科学的决策。领导者能否做出科学的决策是影响领导力的关键因素。

（6）人际关系能力。领导者在带领团队的过程中，必然会面临与团队成员相处的问题。而在一个团队中，每个人因为家庭背景、兴趣爱好以及生活阅历等多方面的不同，都是性格迥异的个体，领导者要学会和不同性格特征以及风格的人相处，让每个人都能对自己产生尊重和信任。不仅如此，领导者还需要学会处理团队内部的人际关系。当这些性格迥异的人聚在一起时，很容易产生矛盾和冲突，领导者就需要妥善处理这些人际关系，带动整个团队的氛围。此外为了促进企业或者组织的发展，领导者不可避免地要借助他人的帮助，拥有好的人际关系能力，能让领导者获得更多人的信赖和帮助。

（7）对待下属的态度。尽管领导者在团队中拥有更多的权限和主动权，但是领导者想要提升自己的领导力，就需要站在下属的角度去思考问题，尝试理解和体谅下属。只有这样，领导者才能更懂得下属的需求，从而为他们提供工作上的便利，以及知道如何去激发和刺激下属的潜力。除此之外，领导者对待下属的态度不应该颐指气使，而应该像对待朋友一样，抱有一种平和的心态。当遇到需要解决的问题时，领导者需要去询问下属的意见，而不是一意孤行地做出决策，然后给下属布置任务。因为领导力不是命令，而是一种巧妙的艺术。

## 二、外部环境因素

领导力的提升依靠的当然不仅仅是领导者个人的力量，一些外部的环境因素也会影响领导力的提升。因为尽管领导者在某种程度上拥有比被领导者更多的权力和地位，但是领导者也是团队中的一员，企业或者组织的发展并不是完全只受到领导者本身的影响，一些外部的因素也会对企业领导力的发展产生影响，如外部的市场环境在一定程度上会影响企业领导力的实施，以新冠疫情为例，疫情防控期间很多线下市场都受到了一定程度的影响，很多领导者原来提出的决策也会受到冲击，如果领导者受制于资金和市场等方面的影响，没能及时扭转局面，也会很容易导致团队成员的信任危机，领导力被大大地削弱。

因此，当我们想要去提升领导力，就不仅要关注领导者自身的内部因素，同时也要关注这些影响领导力提升的外部因素。当领导者充分掌握了这些外部的因素，也就是把握了企业发展的外部环境之后，就能在决策的过程中拥有充分的信息，从而提高正确决策的概率，让领导力得到显著提升。那么，影响领导力提升的外部因素究竟有哪些呢？具体而言，有以下四种（图 2-7）。

一是自然因素。这里的自然因素主要是指企业或者组织所在地域的自然条件，包括地形、气候、矿产、水利和动植物等基本资源。这些资源是自然形成的，并不能够由人类所决定。因此，一个地区的自然环境是影响企业或者组织

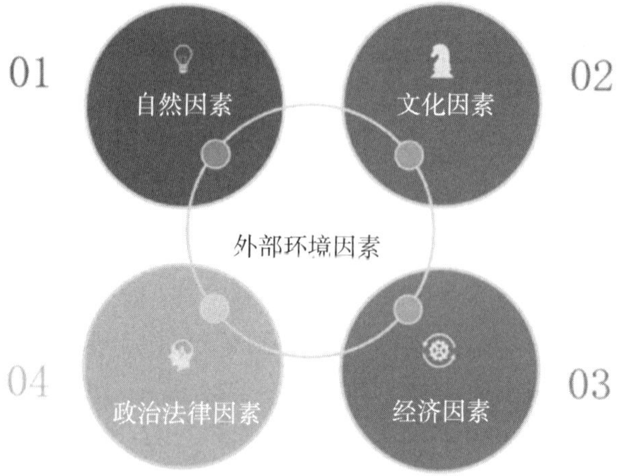


图 2-7　影响领导力提升的外部环境因素

发展的重要因素，而领导者能否善用这些资源则是影响领导力提升的因素之一。

领导者如果能够对企业或者组织所处地区的自然资源有非常深刻的了解和认知，知道如何合理地运用这些资源，就能让企业或者组织充分利用这些自然资源，将其转变为自己的竞争优势，就能让企业和组织得到进一步的发展。在如今经济发展速度不断加快的时代，人们对于自然资源的需求正在逐步上升，这也进一步说明了自然资源对于企业发展的重要性。

除此之外，领导者也需要认识到有很多自然资源是不可再生的，如果过度地依赖自然资源，企业难以获得长久的发展。只有看到这些机会和危机，领导者才能抓住机会，将危机化为机会，从而促进领导力的提升。反过来，如果领导者不了解企业或组织所在地区的自然环境，或者忽视这些客观存在的自然环境，企业就可能会遇到各种危机，从而导致领导力的丧失。

二是文化因素。所谓文化因素是指人类在长期的生活中积累下来的经验、知识等，既包括价值观和风俗习惯，也包括道德信仰等，是一个社会的文化传统和意识形态的集中体现。不同的国家，不同的民族，乃至不同的地区都会存在文化传统和意识形态的差异。领导者必须认识到其中的差异性，并且在制定企业的战略决策的时候应充分考虑到这种差异性，只有当自己的经营战略符合目标市场的文化风俗时，才有可能被目标市场的用户所接受，企业才能够得以发展，领导力才能够得以体现。

例如，目前占据了很大一部分中国市场的快餐公司麦当劳，除了自身的营销推广外，麦当劳能够占据市场的真正原因在于对中国人饮食习惯的了解。麦当劳的主打产品是薯条、汉堡等相对油腻的高热量食物，对于讲究荤素搭配和营养均衡的中国人来说，这并不符合人们的饮食习惯。此外，人们更加注重午餐，其次是早餐，最后才是晚餐。麦当劳领导者则恰好洞察了这一点，并提出了在三个时间段供应不同食物的策略，其中早餐的供应食物大多是较为清淡的，甚至还专门提供了粥和油条等人们喜爱的食物。这就是充分地洞察了当地的文化习惯后做出了正确的决策，是富有领导力的体现。

三是经济因素。这里的经济因素既包括企业外部的经济环境，同时也包括企业内部的经济资源。就企业外部的经济环境来说，企业所处的国家或者地区的宏观经济情况是影响企业发展的重要因素。如一个地区的经济结构、居民收入、消费水平等都是影响企业发展以及战略制定的重要因素。一个企业的领导者要想实现企业发展的目标，就必须要对所在地区的经济环境有一个清晰的认识。尤其是要对居民收入以及消费水平等有一个客观的认识，并在制定企业运营战略的时候将这些因素充分地考虑其中。

当然，企业领导者仅仅了解企业所在地区的经济结构是不够的，还需要将目光放得更加长远，需要充分地挖掘其他市场的商机。随着经济全球化进程的不断加快，企业领导者也需要对海外的市场和商机有更深层次的把握。就企业的内部经济资源来说，一个企业的经济实力也是影响企业发展的重要因素。企业领导者需要充分把握企业内部的经济情况，从而进行资源的合理配置，并做出正确的决策，促进领导力提升。

四是政治法律因素。所谓政治法律因素就是指企业或者组织所处的地区的政治制度、法律法规等。一个地区的政治制度或者政策都能在一定程度上影响企业或组织的发展，如一个国家推行的能源政策或者物价政策等都能对企业战略决策的制定产生一定的影响。企业领导者在进行企业经营的时候需要将这些因素都考虑进去，只有这样才能保证决策有效，从而让领导力得到提升。

# 第二章 领导力培养路径

领导者在企业或组织的发展中至关重要，领导者是否有足够的领导力带领团队，是一个企业或组织能否实现发展目标的关键，然而，成为一个优秀的领导者并不是一件容易的事情，当领导是一门很深奥的学问。领导者不仅需要有过人的才能，能够找到解决各种问题的办法，从众多的方案中选出有助于企业发展的最佳方案，还需要有强大的社交能力；不仅要与下属建立良好的上下级关系，也要与组织内和行业内的其他人之间有良好的合作关系，所以，成为一个优秀的领导者是一件非常有挑战性的事情。

企业的领导者在一定程度上可以被视为企业的精神领袖，能利用自己的行为和思想等影响企业的员工，促进企业的发展。然而，并不是每一个领导者都可以被称为优秀的领导者，因为优秀的领导力并不来源于领导职位本身，而是来源于领导者能力的培养。那么，如何提升自己的领导力呢？本章将从个人领导力的培养和组织领导力的培养两个方面来进行介绍，为大家呈现出一个完整的领导力培养路径。

## 第一节 个人领导力的培养路径

领导力的培养路径分为两条，一条路径是领导者个人的领导力培养，另一条路径是组织领导力的培养。领导者个人领导力的培养主要是针对领导者在企业管理中应该具备的能力而言的。随着知识型员工在企业内的占比逐渐增大，员工对于领导者素质的要求也越来越高，员工需要什么样的领导者，以及领导者如何才能赢得员工的信任和尊重，这些都是领导者在培养个人领导力的时候需要思考的问题。

而这些问题的答案实际上就贯穿在领导者的各种能力中。在企业的发展过程中，领导者不仅要带领团队，同时也要做出一些决策或者计划，领导者能否让企业实现快速的发展并促进最终目标的实现，是对领导者领导能力的考验。因此，领导者在培养个人领导力的时候，需要从不同能力的角度来进行。简单来说，领导者在领导过程中应该具备的能力有决策能力、创新能力、自控力、执行力和沟通能力。只有在具备了这些能力之后，领导者个人的领导力才能得以提升，企业才能够获得发展。本小节将分别从以上五种能力的培养对个人领导力的培养路径进行简单介绍。

## 一、决策能力的培养

决策能力是领导力中非常重要的一种能力，这里的决策主要是指进行目标的确定和措施的选择。决策能力就是指决策者在决策的过程中，能够通过不断的论证和判断，选择最佳的方案，从而促进发展目标实现的能力。如果说员工的主观能动性和创造力是价值创造的基础，那么一个正确的决策就是基础的乘数。领导者如果能做出正确的决策，就能让员工的价值得到最大限度的发挥，从而发挥乘数效应。

**1. 决策能力的构成**

如果领导者不具备科学的决策能力，必然会导致员工的价值浪费，对于企业的发展而言是在做减法。因此，领导的决策能力至关重要，而决策能力也可以进一步细分为调查研究能力、科学判断能力、辩证思维能力等。

（1）调查研究能力。任何一个领导者在做决策之前，必须有一定的依据，即任何的判断都基于一定的事实基础。调查研究能力是决策能力的基础，领导者通过对企业所在的行业市场环境以及竞争对手的发展情况等进行调查，能给企业发展决策的制定提供更多的客观依据，并且保证决策的有效性。如今，随着我国市场环境日渐呈现出复杂和多变的趋势，掌握一定的调查研究能力对于企业领导者来说非常关键，它能帮助领导者在各种错综复杂的情形中掌握必要的信息，为企业的发展做出关键有效的决策。

（2）科学判断能力。当领导者收集到与企业发展相关的信息时，如何从中找到关键信息，以及如何通过这些信息做出正确的判断，也是领导者决策能力非常重要的一个部分。因为判断正确与否决定着决策的成败，领导者要充分地运用分析、对比、综合、推理等方式得出正确的结论和科学的判断。通常而言，领导者所需要面临的判断有以下三种：一是对本质的判断，企业领导者每天会面临各种各样的抉择，需要在众多的抉择中保持清醒的头脑，始终确保决策的正确性。这就需要领导者能认清事物的本质，清楚地知道每个抉择代表着什么。二是对数量做出判断，所谓数量是影响决策制定的因素的规模、程度和影响力等，即领导者需要知道影响决策制定和执行的一些因素对于决策的具体影响程度，从而在决策的过程中权衡利弊。三是进行预测的判断，任何一个决策的制定和执行都会带来一定的影响，领导者需要对决策执行后可能会带来的影响以及产生的问题做出充分的判断和预测，从而在几种决策中选出风险性最小的方案，实现收益的最大化。

（3）辩证思维能力。辩证思维能力是决策过程中非常重要的一种能力，是领导者在认识事物的多面性时必备的能力。即当领导者在制定决策的时候，不仅要考虑决策能给当前的现状带来什么改变，同时也要考虑决策在经过长期发展后的影响。这种辩证思维能力要求领导者不仅要学习成功的经验，同时也要总结失败的教训，能够同时看到事物发展的正反两面。具有辩证思维能力的领导者不仅会继承发扬原有的模式，同时也会不断地立足于新的变化，进行优化和创新。辩证思维能力能让领导者在综合多方面的考虑之后，选定最佳的发展思路，立足于企业发展的全局，同时也能清楚地把握各个决策之间的关联与影响，确保企业目标的实现。

**2. 领导者提升决策能力的步骤**

综上所述领导者的决策能力是由调查研究能力、科学判断能力和辩证思维能力所组成的，当领导者想要提升自己的决策能力的时候，就需要从这三个方面来入手，制定详细的能力提升方案，确保自己的调研分析、科学判断和辩证思维等方面的能力都有显著的提升，具体而言，领导者提升决策能力有以下几个步骤（图 3-1）。

（1）明确决策的目标。领导者在制定任何决策之前，需要思考决策的目标是什么，即决策需要达成何种目的。只有当领导者明确了决策制定的需求是什么，才能在决策的过程中始终围绕着目的来进行，从而促进决策的有效性和科学性。决策的目的就像是一个导航塔，为领导者在调研和判断的过程中指明方向，从而避免领导者在面临多种决策时轻易迷失方向。

**图 3-1 提升领导者决策能力的步骤**

（2）考虑员工在决策中的参与度。有的领导者在决策中常常持有一种非常开放的态度，让员工参与决策的全过程，积极听取员工对于决策的意见。而有的领导者则完全是另外一种风格，即领导者一人占据决策的全部主动权，员工只是被动地参与到决策的执行中去。这是两种完全不同的领导方式，同时也会带来完全不同的领导效果。那么，究竟哪一种领导方式才是正确的呢？实际上，采取何种领导方式以及员工在决策中的参与度是由具体的情况而定的。领导者需要根据实际的情况来判断如何让员工适度地参与决策。

通常，领导者在判断是否要在决策过程中寻求员工的参与时，需要考虑以下几个问题：首先领导者是否已经有了足够的信息来进行决策的制定，当领导者在制定决策的时候，遇到信息匮乏的瓶颈时，可以通过员工来集思广益。其次就是要考虑员工在决策制定过程中能够提供的价值，并不是所有的员工都需要参与决策的制定，因为并不是所有的员工都具备参与制定决策的能力。最后就是要考虑员工参与决策对于决策制定效率的影响，有时候过于注重员工的意见，会让领导者花费过多的时间在决策信息的收集和协调上，从而导致决策制定效率的降低。

（3）综合对比分析各种方案。当领导者完成了对市场环境以及企业现状调研，在充分明确自己想要通过制定策略来实现何种目标后，领导者需要做的就是在众多的方案中进行筛选，找到最符合企业发展目标的决策。很多时候领导者会受制于过去的经验或者一些固化的思维，很难从众多的方案中选出最佳的方案。这时候就需要领导者放弃固化的思维，尝试以一个客观公正的态度，对众多的方案进行综合性的分析和比较，从而选出最佳的决策。

领导者在众多的方案中进行判断时，所依靠的是决策的基本需求，即制定这个决策具体要实现何种效果，达到何种目标。只有把握了基本的需求，领导者在进行决策和方案的筛选时，才不会感到迷茫。那么，什么是基本需求呢？举一个例子，一个人想要看一部新上映的电影而去了电影院，当他购票的时候，发现他想看的那部电影所有场次的座位都已经售罄了，他该如何抉择呢？选择去看其他有座位的电影吗？这个抉择就偏离了基本需求，因为他真正的需求是看那一部电影，而不是为了看电影才来到电影院。所以领导者在多种方案中进行选择的时候，要把握住基本的需求。

（4）预测决策可能产生的预期。即使领导者通过多方面的分析找到了最佳的决策，也需要考虑因为一些不确定因素产生的问题。领导者需要尽可能地将所有的负面情况都考虑到，这样才能在遇到问题的时候，有所准备并尽快提出解决的方案，保证决策的顺利执行。

（5）筛选出最佳决策。当领导者已经明确决策目标、考虑员工在决策中的参与度、综合分析多种方案并预测到方案可能会产生的影响后，最后一步就是要基于这些思考找出最佳的方案。尽管在此之前已经做了多方的准备，但是领导者在最终决策的时候仍然难免会陷入一些困境和陷阱中，如领导者缺乏果断的品质，可能在最终拍板的时候犹豫不决错过了最佳的时机。因此，领导者要具备足够的果敢和自信，同时用这种品质来影响团队的其他成员，让员工有足够的积极性来促进目标的实现。

## 二、创新能力的培养

创新是我们经常会提到的一个词，在生活中我们随处都可以见到一些和创新有关的信息，如一些别出心裁的设计或者有创意的文案，又或者一项新技术的发明等。创新是推动人类社会前进的动力，不论在生活中，还是在企业的发展中，创新能力都是一项必不可少的能力。在生活中，一个人有足够的创新能力，就能让自己的生活更加多姿多彩；而在企业的发展中，如果员工或者领导者具备创新能力，就能让企业迸发出更有价值的竞争优势。创新能力的培养首先要从创新思维说起，让自己具备创新思维是创新能力培养的第一步。

**1. 阻碍创新思维的四种心理**

很多时候，人们并不是没有创新思维，只是更多地受制于一些思维定式，在接受和创造新鲜事物的时候会有所迟疑和抗拒。因此，在我们洞悉如何掌握创新思维之前，我们更需要了解是哪些思维定式阻碍了我们的创新思维，具体而言，主要有以下四种思维定式阻碍了我们的创新思维发展（图 3-2）。

图 3-2　阻碍创新思维的四种心理

一是从众心理。从众心理是人们日常生活中非常容易陷入的思维定式，所谓从众心理实际上就是随大流，即跟随绝大多数人的决定来进行选择。比如，我们日常购物，面对众多的品牌不知道选择哪一种时，往往会选择销量更好的，这实际上就是一种从众心理的表现。尽管销量的确能够在一定程度上体现产品的质量好坏，但很多时候，这种从众的心理给人们带来的是稳妥的选择，却绝对不是最出色的选择。或许这对于人们日常购物的选择来说，没有太大的影响，但是对于企业的发展来说，意义则又有所不同。

面对日新月异的市场环境，企业的发展就像是逆水行舟，不进则退。如果企业只是一味地从众，选择跟绝大多数企业相同的发展模式和方向，没有任何的创新，最终只会被市场所淘汰。因为企业的发展不需要平庸，而是要尽量地以成为行业佼佼者作为自己的发展目标，要在成长中不断进步，这种进步就需要以创新为驱动力，敢于尝试他人没有尝试过的模式，从众只会让企业逐渐走向没落。

二是权威心理。在生活中，我们很容易相信权威的力量，主要是因为权威的专业度和在该领域的知识相较于普通人来说更丰富。因此，当一件产品有权威为它的品质进行背书的时候，就很容易获得消费者的信赖。尽管权威凭借自己的专业知识确实能够在某些时候给人们指明正确的道路，但是过分依赖于权威是对创新思维的一种扼杀，如很多企业领导者会对权威的观点唯命是从，凡是与权威的观点相违背的决策都会被否决。

然而，时间在不断地流逝，世界也在发生着各种各样的变化，权威理论也是层出不穷的。今天被封为真理的权威，很有可能在明天就被另一种权威所推翻。因此，过度相信权威而忽视实际的现状，往往会导致决策的失败。而且对于权威过度依赖也会掉入故步自封的陷阱，因为在一定程度上权威也可以被认为是一种定式，不根据实际的情况加以改变，自然会导致企业发展同质化和逐渐衰落。

三是经验定式。经验对于人们来说是一柄双刃剑。很多时候，拥有经验能让我们事半功倍，人们也更愿意相信有经验的人，就像招聘的条件，往往会要求应聘者有经验一样。然而，有的时候经验反而会禁锢了人们的思维。这一点不论是在生活中，还是在企业的管理中，都会有所体现。如在企业的管理中，很多领导者在过去企业的发展中积累了一定的经验，而企业的成功也让领导者对于这些经验更加信赖。然而，随着市场环境的不断变化，实际上这些经验已经不再适用于现在企业的发展了，领导者需要进一步拓宽思维的广度，寻求创新。

四是书本心理。读书对于人们知识的增长和思想的深化来说，是一件非常有益的事情。然而，任何书本知识归根到底也是作者经验的产物，我们用这些书本里的知识来增长见识，拓宽视野，自然是没有问题的，但是，如果领导者在企业的管理中过于依赖于书本上的知识，自然会因为盲从而导致企业发展的固化。因为企业管理方面的书籍，更多的是一些一般性的知识，而企业的发展是千变万化的，仅仅按照书本上的理论，自然会导致决策失败。

**2. 创新力的特征**

当领导者认清这些阻碍思维创新的误区之后，领导者就能对创新能力有更加深入的了解。所谓创新能力就是指人们基于自己已有的知识，进行不断的挖掘和推陈出新，从而提出新的理论或者新的成果的一种能力。领导者的创新能力就是领导者在企业的发展过程中，在遇到问题或者在做出决策的时候，能够提出一些新的概念或者新的发展战略，而不是一直保持一种发展模式或者领导模式。因此，只有当领导者根据实际的情况不断推陈出新时，才能让战略的制定更加符合组织发展的需要，才能更好地达到企业发展的目标。具体来说，企业领导者的创新力主要有以下三种特征（图 3-3）。

**图 3-3 企业领导者创新能力的三个特征**

首先是以丰富的经验和行业知识为基础，不论领导者做出何种创新性的决策或者计划，都要基于领导者丰富的行业知识和经验。创新并不仅指与一般性有所区别，差异并不是创新的目的，通过创新实现发展，推动企业进入下一个阶段才是创新的根本目的。因此，企业领导者在进行创新策略的实施时，要以企业当前的发展为基础，对企业和行业的状况有深刻的认知，才能进行发散性的创新。而没有现实基础，即没有实践经验和行业知识，领导者很难有新的想法。因为创新和实践是一种相辅相成的关系，创新能指导实践，同时实践也能够为创新提供根基。

其次是具有独创性，领导者的创新能力中很重要的一点就是独创性，即领导者在制定决策或者计划的时候，需要做到某一个领域内的独特性，只有这样才能称得上领导力的创新。很多时候领导者对于决策的制定和方案的选择会有一个固化的思维，对已经取得成功的模式过度信赖，于是不断地重复。而这种思维模式只会让企业的发展停滞不前，甚至有可能会被淘汰。因此，独创性才是领导者创新能力的根本所在。

最后是全局性，即领导者的创新并不是针对企业发展的某一个细节的创新，而是对企业发展的整体上的创新。领导者在发挥创新能力的时候，应该放眼于整体的规划，而不只是将某一个局部的细节进行改造，因为那样企业整体并没有得到发展。领导者应该从全局的综合利益出发，尤其是要站在经济全球化的角度来进行创造性的规划，从而促进企业的全面发展。

**3. 创新能力培养的关键点**

创新能力是企业领导力的重要组成部分，领导者的创新能力是具有可塑性的，领导者可以通过后天的学习和培养，将自己的创新能力进行提升，从而更好地促进企业的发展。

现阶段我国很多企业领导者都缺乏一定的创新能力，对于领导者创新能力的培养是现阶段领导力发展的关键。那么，领导者创新能力的培养有哪些关键点呢？

（1）激发创新意识。拥有创新意识是提高创新能力的基础，而所谓创新意识就是指激发人们积极改变现状的思想和欲望。对于领导者来说，创新意识意味着领导者不安于现状，不会被现有的模式固化，而是有足够的新想法和新思路，试图为企业寻求新的突破。当领导者脑海中有了新的想法和思路的时候，就能提出方案让这些新的想法变成现实。那么，领导者如何提高自己的创新意识呢？首先领导者的创新是领导观念的创新，即领导者需要开拓自己的视野，转变原有的观念，不断地接受新鲜的事物。其次就是领导理念的创新，即领导者要保持一种不断进取的理念，要拥有强烈改变现状的决心，而不是安于现状，不思进取。只有不断寻求新的突破，才能让企业获得进一步的发展。

（2）掌握创新型工作技能。领导者不光要在思想上创新，还要将这种创新思维运用到日常的工作中。工作技能的创新指的就是领导者在工作方式和思维模式上的创新。社会是在不断动态发展的，人们的工作方式和工作模式也在不断发展，以疫情防控期间人们的居家办公来说，这也是一种新型的办公方式，甚至是一些公司常态化的工作模式。在面对这种工作模式的转变时，领导者要能够及时地适应并做出相应的调整。而思维模式上的创新是指领导者在领导的过程中要善于发现问题，跳出常规思维模式，适当的时候要采用一些逆向思维来解决问题，避免思想僵化和因循守旧。

(3) 掌握创新型知识。随着知识经济时代的不断发展，领导者要想提高自己的创新能力，对新知识的学习和掌握就是必不可少的，掌握一些新的知识，能帮助自己开拓视野，增长见识。领导者需要善于运用知识，在掌握新知识的基础上进行创新，从而形成新的思维观念和策略。同时，领导者还要学会对这些知识进行管理，从而塑造自己整体的创新能力，在公司的发展中提出更多的新想法和新策略。

创新能力是领导者必备的能力之一，是领导者在面对众多变化时，能让企业在市场竞争中占据一席之地的重要能力，也是确保企业在不断变化的市场环境中获得持续性发展动力的能力，领导者需要通过树立创新思维，掌握创新型工作技能和知识来提升自己的创新能力。

## 三、自控力的培养

自控能力是每个人生活、学习和工作中非常重要的一种能力，因为人们总会被各种欲望或者一些外界因素干扰，在成长和发展的过程中偏离既定的轨迹，离自己的目标越来越远。例如，对于许多学生来说，在完成日常学习任务的过程中，常常会有各种各样的事情分散注意力，如有的人会被游戏吸引，他们就会忘记自己的学习任务。这样的行为是一种缺乏自控力的表现，当一个人拥有足够的自控力时，就不会轻易地被外界的因素干扰。那么，自控力具体指的是什么呢?

所谓自控力就是指人们排除一切干扰和刺激，理智地控制自己的情感和行为的一种能力。人们在做事情的时候总会有各种因素会对其产生影响，而自控力就是能帮助人们排除干扰、专注于自己所做的事情之上的一种能力。人的自控力会随着年龄的增长而不断增强，通常，青壮年人会有更强大的自控力，能让他们在工作和生活中保持足够的理智，控制自己的行为，专注于自己的目标。

自控力对很多人的生活都有非常重要的影响，对于领导者这样一个特殊的人群，自控力更是不可缺少的一种能力，领导者应该具备的自控力需要比普通人更强大，因为领导者的影响范围更广，影响力更强。一般人如果失去了自控力，通常只会在一个很小的范围内造成影响，而领导者如果没有足够强大的自控力，在员工面前“失控”，就会在一定程度上影响领导者的威信以及员工对于领导者的信任。如果领导者在合作伙伴面前或者在行业交流中“失控”，则往往会影响领导者与他人的合作，进而影响到企业的发展。

除了企业的领导者外，一些政治领导者也曾因为缺乏自控力而产生负面影响。比如赫鲁晓夫就曾经在联合国大会上，因为自己的一时“失控”而脱了自己的皮鞋敲击桌子，这一粗鲁的行为立刻传遍了全世界，并一度让苏联的名誉在国际上受损。可能有人会说，领导者的成长和发展并不仅仅是由自控力所影响和决定的，除了自控力外，还有更多更复杂的因素会影响和决定领导者的成长和发展之路。不可否认，的确如此。自控力只是领导力中的众多影响因素之一。但是不容忽视的是，自控力对于领导者的领导及其各种活动的顺利开展有至关重要的作用。

由于领导者工作的特殊性及与其他工作的差异性，自控力对于领导者的创造性活动的开展，以及领导力和企业的发展有着不可低估的作用。因此，当领导者想要提升自己的领导力时，就必须对自控力相当的重视，自觉培养自控力意识，并努力提高自控力，确保自己有足够的理智控制好自己的情绪，在不同的场合，面对不同的问题和情景的时候，能够合理地进行表达以及控制情绪。善于自控不仅能够帮助领导者面对各种工作中可能出现的问题，也能有效提高领导者的应变能力和处事能力，还能让领导者在提升自身素质的同时，有更加坚定的意志。

对于现代企业的领导者来说，仅仅具备一些经济、政治以及行业相关的知识是远远不够的，还需要具备良好的自控能力。当一个领导者有良好的自控能力时，他才能够更好地发挥领导作用，带领组织朝着既定的目标前进。对于领导者来说，自控能力主要体现在两个方面：一是领导者需要对自己的情绪加以控制，另一方面则是领导者需要对自己的言行举止加以控制。

就领导者情绪控制而言，主要是指领导者在与员工以及合作伙伴相处时，以及需要面对各种矛盾和复杂的关系时，能够保持理智，客观地对待这些矛盾并处理好各种复杂的关系。领导者行为的控制是指领导者需要以身作则，通过自己的言行举止为员工树立一个良好的形象，让自己在员工中的威信和信任度得以提升。那么，为了实现自我发展和企业目标，领导者应该如何提升自控力呢？主要有以下几个方面（图 3-4）。

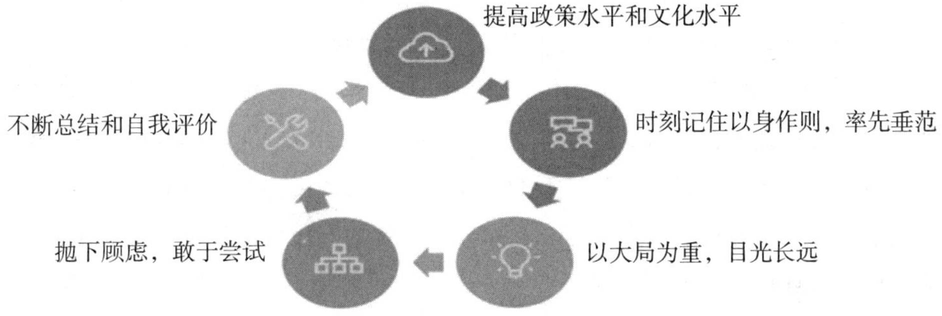


**图 3-4 领导者自控力的培养**

一是抛下顾虑，敢于尝试。领导者在领导团队和企业发展的过程中，必然会面临很多的抉择以及策略的实施，而这些决策不仅是企业发展的机会，也是领导者提升自我素质的机会。领导者在面临新的机会时，要敢于抓住机会，勇敢尝试。因为这些新的机会必然会给领导者带来许多的问题和待处理的矛盾，在解决问题和处理矛盾的过程中，领导者也会得到成长，这里的成长更多的是指实践经验的增长。领导者能够在实践中进一步锻炼和提升自控力。

二是不断总结和自我评价。正所谓“吾日三省吾身”，领导者要想提升自身的素质，如促进自控力的提升，就必须对自己在实践中的言行举止进行自我复盘。一个人在提升自我素质时，反思过去的行为是必不可少的环节。因为人们能够从总结和评价中发现自身的问题，并找到相应的解决方法。这在人们自控力的提升中也是一样的，人们需要对自己过往的行为做出反思和回顾，从而发现自己缺乏自控力的原因，并找到如何提高自控力的方法。因此，学会不断总结和自我评价是提升自控力的重要方式之一。

三是提高政策水平和文化水平。所谓政策水平就是领导者要能够紧跟时事政策，很多时候政策会给企业的发展提供一定的机会，领导者想要把握住这些机会，就必须对政策有更多的了解。此外，提高政策水平还能够让领导者拓宽自己的视野，增长见识，从而提高自己的辨别能力。文化水平的提高则是领导者自身素质提升中非常重要的一部分，这能让领导者提高洞察事物和处理矛盾的能力。如果领导者对事态有足够的辨别能力，对各种发展状况有很深刻的洞察，那么，他就不会轻易失控，自控力自然也就会得到提升。

四是时刻记住以身作则，率先垂范。正所谓“其身正，不令则行，其身不正，虽令不行”。领导者要想带领员工，让员工对自己更加信赖和尊重，首先就要树立一个好的榜样，凡事身先士卒，这样自然就能在员工心中树立起威信。当然，除了提升领导者在团队中的形象外，当领导者时刻谨记要以身作则时，就不会轻易地丧失自控力。当领导者想要在员工心中有足够的威信时，就会自觉地提醒自己要时刻保持理智，不能轻易地就陷入“失控”的局面。

五是以大局为重，目光长远。当然，领导者的自控力不仅仅表现在情绪上，更多的是表现在行为上μ领导者在企业的发展过程中，不能只考虑到眼前的利益，要重视员工以及企业发展的长远利益。这就需要企业领导者能够将自己的目光放得更加长远，时刻记住企业发展的目标，不要轻易地被眼前的利益所诱惑。领导者需要明确好权力与义务的关系，并时刻用法规来规范自己的行为，保持良好的自控力。

## 四、执行力的培养

任何一个企业或者组织想要得到发展，强大的执行力是必不可少的。随着市场竞争越来越激烈，企业之间的竞争从某种程度上也可以被看作是速度的竞争。当两个企业同时研发同一种类型的产品时，往往率先进入市场的那一方会拥有更多的机会。因此，企业的发展速度是不可忽视的一个重要因素。企业发展的速度关乎企业业务效率的问题，如何提升企业的业务效率，最根本的就是要提升执行力。这里的执行力既包括员工的执行力，也包括领导者的执行力。那么，执行力具体指的是什么呢？

所谓执行力就是人们能够将自己的想法付诸行动，并创造出结果的一种能力。简单来说，就是一个人的办事能力。对于企业来说，如果每个员工都有强大的执行力，就能够汇聚成企业的战斗力。如果企业员工丧失或者是缺乏执行力，同样的一件事情就会需要花费更久的时间来完成，甚至没有成效。对于企业来说，员工的执行力固然重要，领导者的执行力也不容忽视。因为领导者承担着带领团队的责任，很多重大的决定以及业务的推进都需要领导者来完成。因此，领导者的执行力对于企业的发展是至关重要的。

当然并不是所有的领导者都具备执行力。很多领导者会陷入瞻前顾后的陷阱，在做决策或者制订计划的时候，经常犹豫不决，导致企业错失发展良机；又或者企业领导者在执行计划和策略的时候，总在一些细节的地方花费过多的时间，导致业务迟迟没有新的进展。有的时候注重细节对于企业的发展是有益的，但如果过度地注重细节则是一种缺乏执行力的表现。对于企业的领导者来说，执行力是领导力中非常重要的一部分，当领导者具备足够强的执行力时，就能让企业发展的效率得到提升。那么，如何提高领导者的执行力呢？主要有以下几点（图 3-5）。

**图 3-5 领导者执行力提升的途径**

（1）强调领导责任意识。领导者在企业中处于特殊的地位，拥有比普通员工更多的权力，但同时也意味着领导者需要承担更多的责任。如果领导者将自己的权力凌驾于责任之上，就很容易让领导者在员工中失去威信，离员工越来越远，自然也就很难让员工对自己信服和尊重，员工的积极性也很难得以提升，整个公司的执行力也会下降。如果领导者能重视自己的责任，而不是一味地以权力去命令员工，就能在员工的心中树立威信，自然也会更容易调动员工的积极性，促进整个业务流程更加顺畅，从而提高整个团队的执行力。

（2）善用人才，合理授权。企业是由各个部门共同组成的，部门之间的业务也是环环相扣的，要想让整个企业的执行力更加高效，就必须让每一个部门的业务都能高效执行，而每一个部门都是由部门负责人所带领的，要提高部门业务的效率，就必须让部门负责人各司其职，在自己的岗位上充分发挥自己的能力。最根本的就是领导者要知人善用，将合适的人才安排到合适的岗位上，充分激发他们的潜力，让业务的各个环节都更加顺畅。此外，领导者还需要合理地授权，有很多领导者不愿意放权，喜欢将所有的事务揽下，最终导致效率低下。领导者要学会合理地放权，给员工更多的发挥主动性的机会。

（3）提升沟通和说服能力。企业的发展是靠各个部门之间的协作完成的，要提高团队的执行力，就是要提高协作能力。协作能力的关键在于沟通能力，很多时候任务很简单，但由于彼此之间的沟通不顺畅，很容易导致员工做一些无用功，导致任务不能完成。因此，要想提高团队的执行力，领导者必须提高沟通与说服能力，在布置任务和确立目标的时候，能够让员工充分明白其中的含义，使每个员工的努力方向都是正确的，不会导致资源的浪费和工作的重复，进而导致业务受阻。

（4）明确目标，果断执行。很多领导者常会犯的一个错误就是目标不明确。当领导者对自己的目标都不明确的时候，很容易导致员工在日常工作的时候像无头的苍蝇，到处乱撞。从表面上来看，企业里的每个员工似乎都很忙很努力，但是最终很难得到一个好的结果，因为他们做的都是无用功。此外，另一个错误就是目标不切实际，很多领导者在制定目标的时候过于理想化，制定出来的目标几乎无法实现，这样很容易挫伤员工的积极性，让员工的创造力和爆发力都受到打击。

领导者在制定目标的时候一定要非常明确，切忌眼高手低。制定的目标必须是可以完成的，只有这样，员工才能够在目标的基础上，制定出相应的计划，积极主动地去实现目标。有很多领导者在遭遇失败的时候，常会将责任归结于团队的执行力差，却没有思考执行力差的原因是什么。只有一个明确且实际的目标才能够激发员工的积极性，进而促进团队执行力的提升。

对于领导者来说，执行力的提升并不是简单的事情，需要领导者不断地付出各种努力。不仅要树立起领导责任意识，淡化领导者的权力，还要学会善用人才，合理授权，同时提升沟通和说服能力。在明确企业的发展目标后，应该果断执行，不能瞻前顾后，犹豫不决。只有领导者的执行力得到提升，才能够让企业的发展效率得到提高。

## 五、沟通能力的培养

无论是在企业还是在组织中，团队都是一个非常重要的概念，任何发展都离不开团队的共同协作。团队在发展的过程中，不仅要依靠团队中每个成员的能力发展，团队成员之间的沟通和协作也非常重要。因为团队相对于个人而言，最大的不同就在于协作性，每个人都不是孤军奋战的，为了促进企业或组织的发展，团队要将合作性和协作性发挥到极致，而在这个过程中，沟通能力至关重要，不仅有利于增强团队之间彼此的协作性，也能进一步增强团队的凝聚力。

对于领导者来说，沟通力是连接领导者与团队之间的桥梁。很多时候工作中产生的一些问题，如业务进展缓慢、工作失误等，都是因为沟通不畅导致的。领导者具备一定的沟通能力，不仅能让团队的成员理解业务以及企业或组织发展的目标，同时也能通过沟通充分了解公司的发展情况，并在沟通中收获更多的信息，发现解决问题的另一个角度，从而促进企业更好的发展。在美国管理学家福勒特看来，所谓管理就是沟通协调。由此可见，沟通能力是领导力中非常重要的一种能力。良好的沟通协调在形成一个良好合作氛围的同时，也能有效地推进业务的发展。

然而，并不是每一个领导者都具备良好的沟通能力，很多领导者常会将自己的权力置于责任之上，在与团队成员进行沟通的时候，会呈现出一种高高在上的姿态，或者是在沟通的过程中，只是一味地给团队的成员布置任务，而不听取任何的意见。这些沟通都是一些单向且无效的沟通，领导者在沟通的过程中占据绝对的主动地位，而团队成员只能够被动地接受。还有一些领导者沟通能力的薄弱也体现在对外合作和交流的过程中，企业的发展离不开行业之间的交流与合作，而不具备良好沟通能力的领导者往往会让企业丧失合作的机会。

**1. 沟通的类型**

真正良好的沟通协调能力应该是人与人之间双向交流和传递的能力，是人与人之间相互交流信息、观点、思想和感情的能力。这种能力能够让人际关系得到进一步的巩固，也能够促进社会组织之间进行信息的交换并保证正常的运行。对于领导者来说，良好的沟通协调能力是与团队成员以及行业伙伴之间相互交流信息和观点的一种能力，它能促进领导者与团队成员之间的友好人际关系，构建良好的合作氛围，也能够为企业的发展提供一个支持性的外部环境，进而促进企业的发展更加和谐，让目标的实现更加顺利。

根据沟通的对象不同，沟通可以分为几种类型（图 3-6）。

第一种是下行沟通，主要是指领导者向下级传递信息，促进双方交流的一

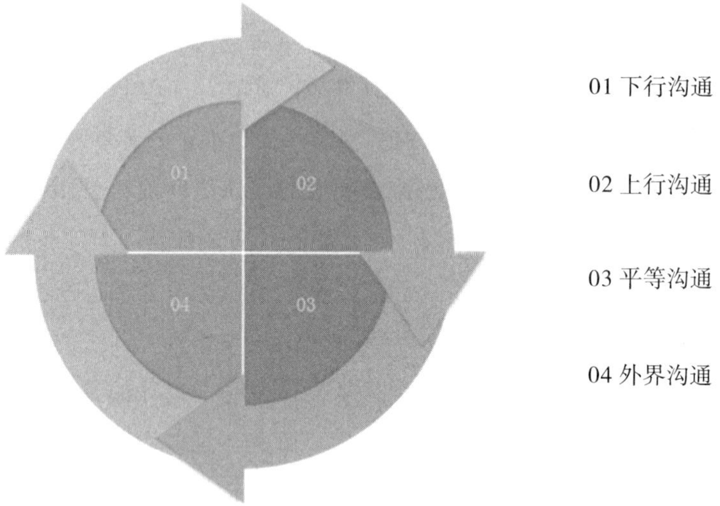


**图 3-6　沟通的四种类型**

个过程。通常是领导者帮助团队成员理解业务或者进行企业文化和理念的传递，下行沟通能帮助团队成员更好地理解企业发展的目标，而且能充分地调动员工发展的积极性。

第二种是上行沟通，主要是指团队成员主动向领导者进行信息的传递和观点的交流，通常是团队成员向领导者汇报工作情况或者提出建议等，在这种上行沟通的过程中，团队成员需要做到如实汇报并且选择合适的时机进行交流。

第三种是平等沟通，这种沟通通常形成于同部门或者同一级别的岗位之间，主要应用于业务的交流或者进度的统一协调，在这种沟通形式中，传递信息是其中的一部分，更重要的是成员之间的情感沟通，重在营造一个合作支持、互相理解的环境。

第四种是与外界的沟通，在企业或组织需要赢得外界的支持和合作的时候，领导者可以通过参与一些联络感情的活动，从而与行业内的伙伴建立联系，增进互相的了解，从而为企业的发展获得支持和动力。

**2. 提升领导者沟通能力的方法**

无论是哪一种沟通，领导者都在其中发挥了不可替代的作用，领导者的沟通能力在一定程度上影响着人际关系和企业发展环境的和谐。因此，对于领导者来说，提升自己的沟通能力对于领导力的提升，以及对于企业的发展都是至关重要的，那么，如何提升领导者的沟通能力呢？

（1）重大决策前预先沟通。尽管领导者在进行重大决策的时候，拥有一定程度的决策权，但这并不意味着领导者可以自行做出重大决策，而不去征求团队成员的意见。如果领导者只是自己做出决策之后，直接向团队的成员发布和传递信息，就会陷入专制型的领导，处于被动接受地位的团队成员自然就很难对工作或者业务产生积极性，进而导致企业发展缓慢。因此，领导者在做出任何的重大决策之前，需要和团队成员之间进行沟通和交流，让团队成员能够对决策有充分的调查和思考的时间，并且能够彼此之间交换意见，集思广益，从而进一步确保决策的正确性和合理性。

（2）利益抉择前主动沟通。在企业的发展过程中，领导者在做出一些决定时，难免会面临利益的抉择，作为领导者，更多的应以全局的眼光来看待问题，因此在做出抉择时，应以大局为重，更加关注整体的利益，以及当下的决策对于长远的发展，但在做出这样的利益抉择的时候，领导者需要提前做好沟通工作，让团队的成员理解自己的抉择。因为很多时候，团队成员很难拥有同样长远的目光，当领导者不能通过及时沟通与成员达成共识时，就会导致团队的不和谐，进而影响的发展。

（3）疑难问题反复沟通。尽管企业或者组织会提前制定目标，但是在实现目标以及执行各种决策的过程中，会遇到各种各样的问题。当问题出现的时候，领导者和成员之间需要做的就是针对问题进行及时的、反复的沟通。产生问题并不可怕，发现问题和解决问题也是一种进步，真正会影响企业发展的是对问题的漠视和不沟通，让问题变成隐患，从而影响企业的发展。因此对于领导者来说，要及时反复地与成员之间就各种问题进行沟通，从而找到解决问题的办法。

## 第二节　组织领导力的培养路径

随着国内的一些学者以及企业领导者对于领导力认识的不断加强，各种关于领导力的研究和实践也逐渐活跃了起来。越来越多的企业或组织领导者都逐渐意识到，领导力的提升是提升企业或组织核心竞争力的关键，也是企业可持续发展的必要动力。国内很多组织的领导者对于领导力的认知仍然存在一定的缺陷，很多领导者认为只要自己参加关于领导力的研讨和培训，并且不断地提升自己的个人素质，就能够让领导力逐渐走向精细化。然而，事实是很多领导力的培养更多地关注个人领导力，却忽视了同样重要的组织领导力。

组织领导力的提升才是企业或组织长久发展的必要因素。本节将主要讲述组织领导力的培养途径，从确定培养目标、培养内容和对象、培养途径和方法、培养计划的实施与评价四个方面进行综合阐述，从而对组织领导力的培养途径做出进一步梳理。

## 一、确定领导力培养目标

很多领导者在提升领导力的时候都会不自觉地陷入误区，认为领导力的提升只是领导者个人领导素质的提高。尽管领导者对于自我能力以及管理能力的提高的确能够让领导者在领导企业或组织的时候更加得心应手，但这也会进一步增强员工对领导者的依赖性，以及过分地强化了领导者的形象。这样很容易导致企业或组织的成员在某一个领导者的带领下有很好的积极性，能够发挥出自身最大的潜能，然而，一旦领导者不在或者更换了领导者，就很容易产生危机。这种领导力提升成为领导者个人魅力的提升，却忽略了员工在组织发展过程中的独立性和必要性。

这种现象也可以被称为将个人领导力凌驾在组织领导力之上，即领导者过于注重自我领导力的提升，却忽视了组织领导力的发展。尽管在不同的学者眼中，对于领导力的定义以及观点都存在着不同程度的分歧，但在这些观点中有一个共同点，那就是领导力是存在于团队中的，团队成员也是会互相影响的，团队成员都有着共同目标。

这就是说领导力发展的根本还是要回归到团队以及组织，仅仅关注个人领导力的培养是不够的，还需要将更多的关注点放在组织领导力的培养之上，需要将领导者个人的魅力或者影响力转化为整个领导团队的组织影响力。只有当组织领导力得到提升时，企业或者组织的发展才能够更加顺畅，而不受领导者个体在时间和空间上的领导力限制。

相较于个人领导力的发展，组织领导力的发展更为复杂。因为个人领导力是针对个人的发展，而组织领导力的发展则关乎组织和团队。在不同的企业或组织中，根据自身业务以及内部结构的不同，组织领导力的发展也会有不同的发展内容和方式，但总体来说，组织领导力的发展需要有详细的计划，需要对领导力发展的目标、对象和内容等都有明确的规划。其中，确定领导力发展的目标是第一步。只有当我们明确了组织领导力发展的方向是什么，以及组织领导力的发展最终要达到什么样的效果，我们才能更有针对性地组织领导力。

如果说个人领导力提升的目标是让领导者的个人素质得到提升，从而在领导企业或者组织发展的过程中更加具有信服力和影响力，促进企业朝着更好的方向发展，那么组织领导力提升的目标则是关注组织中领导力的发展，而不以领导者个人为中心。因为组织领导力的提升更加关注组织的发展，而不是个人魅力的展示。具体而言，组织领导力的提升目标通常有以下几个方面（图 3-7）。

树立整个企业划组织的领导力培养意识

培养领导者团队和团队领导者　　　　创建共同的承诺和愿景

**图 3-7　组织领导力提升目标**

**1. 培养领导者团队和团队领导者**

在一个企业或者组织的发展中，领导者占据着非常重要的地位，而随着企业或组织规模的扩大，领导者的含义不再是指处于最高领导地位的个体了，而是有了更深层次的含义。随着企业或者组织的不断发展，领导者逐渐由个体转向团队，重大决策或者发展计划的制定通常是团队意见的整合，而不是领导者个体的决定。在这种情况下，组织领导力的发展更多的是关注领导者团队领导力的发展，领导者团队内的协作力以及影响力等都是领导力提升的重要方面。

此外，企业或组织都是由不同部门或者不同的团队所组成的，这些部门都肩负着不同的责任和任务，彼此之间需要进行沟通与合作。当不同的部门和团体之间进行交流的时候，需要在每个团队中找到一个核心人物，即团队领导者。

企业或组织领导力的提升需要关注不同的团队或部门中的领导者能力的提升，只有组织或企业各个部门的领导力都加以优化和改善，才能促进整体组织领导力的提升，因此，组织领导力提升的目标应该关注领导者团队和团队领导者的能力提升。

**2. 树立整个企业或组织的领导力培养意识**

领导力的提升不应该仅停留在占据领导者岗位的个人或者团体，而应该在整个企业或者组织中树立起领导者意识。因为领导力不仅体现在一些重大决策的制定中，同时也会体现在团队业务协作过程中，任何一个业务执行的环节都需要有领导力的支撑。因此，组织领导力的提升需要放眼整个企业或组织，让每个人都具有培养领导力的意识，这样在完成业务的过程中，才会让成员的能力得到充分发挥，进一步提升成员的积极性，从而让企业或者组织更加高效地实现共同目标。

**3. 创建共同的承诺和愿景**

在一个企业或组织的发展过程中，领导者与团队成员的能力固然很重要，但是要保证企业或组织的稳定长久发展，一个团队共同的承诺和愿景也是至关重要的。这个共同的承诺和愿景不仅指的是企业或组织发展的目标，同时也包括企业或组织的文化和理想信念，当团队成员能够在思想和认知上达到高度一致时，就能为共同协作提供稳定的认知基础。价值观和信念对人的行为有非常重要的影响，当一个团队中的每个人都有很强烈的信念感和共同的价值观时，就能让团队的协作性更强。

领导力培养和发展的含义在不断拓展，不仅是指某个领导者的能力提升，也包括整个组织领导意识和思维方式的发展。因此，组织领导力的提升也有了新的内涵和目标，不仅要提升整个团队领导者岗位的个体能力，同时也要培养领导者团队以及团队领导者，培养整个团队的领导意识以及在团队中创建共同的承诺和愿景，让整个企业都更加具有凝聚力和向心力，从而促进企业或组织目标尽快实现。

## 二、确定组织领导力培养的内容和对象

随着企业或组织发展规模的进一步扩大，以及所面临的发展环境逐渐复杂多变，个体领导者很难再独立去领导整个企业或者组织的发展。一些重大决策

以及方向的确立需要有团队共同进行商议和联合，从而让组织的发展更加平衡且稳定。因为，很多时候个人的意见和决策很容易陷入主观陷阱，同时个人的领导力和影响力是有限的，领导者内部同时也需要进行观点和思想的碰撞与交流。不仅如此，随着社会以及人们价值观的不断发展，企业或者组织中的个体对于团体的依附性逐渐减弱，追求自由以及话语权成为很多个体共同的特征，这样一来，企业或组织对领导力的发展又有了新的要求。

领导力的发展不应继续聚焦领导者个体，而应将视野逐步拓展到整个组织中，不仅应该关注领导者在面对改革和挑战时的能力，还应该关注整个团队应对挑战以及变革的能力。因为一个企业或者组织的发展不只是依靠领导者一个人，还要依靠整个组织，包括组织中非领导岗位的个体在企业发展中的能力发挥，同时企业或组织的信念以及组织方式等都会对企业的发展产生深刻的影响。因此，企业或组织要想在复杂多变的环境中，实现进一步的可持续发展，就必须转变领导力的发展观念，由发展个人领导力逐步转变为组织领导力的发展。

个人领导力专注领导者个人能力的提升，让领导者能够更好地胜任领导岗位，获得团队成员的信任和支持。组织领导力的发展是面向整个企业或组织的，主要是发展那些集体的领导组织的领导能力。通常在企业或组织的发展过程中，需要领导组织在复杂多变的环境中确定企业以及组织的发展方向，对组织的目标进行有效整合，为组织的发展提供资源和动力。对企业或组织中的成员进行激励，促进成员积极性和忠诚度的提升。此外，组织领导力并不是简单的个体领导力的相加，组织内的个体、团队和情境之间的相互作用都会对组织领导力产生影响，只有找到一个有效的机制，才能够促进各方利益相关者共同实现组织领导力的提升。

此外，组织领导力相对于个人领导力而言，其提升的对象以及内容都有了很明显的变化。就领导力提升的对象而言，个人领导力主要针对的是领导者个人，组织领导力的提升对象就不仅是处于领导者岗位的个人，还应该进一步扩展到组织领导力的所有成员。在传统的领导力提升过程中，企业或者组织在进行领导力培养和提升的过程中，往往会通过实践、教练和反馈等方式对处于领导岗位的个体进行培训，从而使其获得领导团队所需要的知识、技能和信念等。

但仅仅提高领导者的个人素养，对整个组织的领导力发展以及领导效能的提高作用是微乎其微的。组织领导力是一个多方作用的结果，其中领导效能的实现以及领导目标的达成更多的是依靠组织成员共同的努力，也是组织内成员相互协调合作和领导力不断释放的结果。如果仅仅将领导力的提升聚焦于处于领导者岗位的个体，是很难实现组织领导力的优化的，领导力提升的关注点应该聚焦于组织内的所有成员，专注提升组织成员完成企业或组织目标所需要的能力，以及组织成员之间相互协调沟通的能力。

组织领导力提升不同于个人领导力中对领导者个人素质的提升，组织领导力的提升更加关注组织内整体要素的改善，包括组织文化、结构、流程制度以及组织内合作模式等。因为领导者个人能力的提升并不能决定企业或者组织发展方向以及实现企业或组织的目标。要想让企业或组织在复杂多变的环境下，面临各种挑战时具有竞争优势，就必须对组织的文化、制度流程和合作模式等进行优化，进一步增强组织内的凝聚力，从而提升整体的组织领导力，而不是将所有的发展全部依附于领导者个体。

企业或组织的发展需要有更多的组织成员参与其中，必须让组织内各个成员以适当的方式、遵循一定的流程和制度进行联合，最终共同实现企业或组织的目标。这样一来，一些具有创新能力和变革能力的成员就能在一些重大决策或者领导任务中发挥自己的才能和影响力，在集思广益的基础上让企业在面临复杂变化的环境时，能保持高度的敏感力和反应能力，从而迅速在组织内进行联合以应对多种复杂的挑战，更加高效地完成企业或组织制定的目标。

组织领导力提升的内容不再局限于领导者个人素质的提升，还需要关注于发展和拓展组织中的关系以及个体之间的相互联系，从而在组织中构建起一个精密的社交网络，让集体活动变得更加协调和高效。换言之，就是让企业或者组织在成员之间建立一个更紧密的组织，让组织成员能够在认知和行为上达成一致，从而让彼此之间的作用和影响更加丰富和有效。

在企业或者组织中，个体都是通过一定的组织形式连接在一起，而这些组织形式的主要表现形式为组织文化、组织架构、组织流程制度以及理念等。在企业或组织面对复杂挑战，不断实现企业或组织目标的过程中，组织文化、组织结构、流程制度和管理理念等都会对企业或组织的发展产生重要的影响。这些都是组织领导力的重要组成部分，能够为企业或组织的发展提供支持和动力。

因此，在进行组织领导力的提升时，更应该关注这些因素，领导者需要有意识地对整个组织的文化结构和规章制度等进行不断优化和改善，从而促使组织的领导力得到进一步的增强，让组织能够更加高效地实现发展目标。

## 三、选择领导力培养的途径与方法

组织领导力的发展和培养是企业或组织发展的关键所在，只有组织领导力得到了提升，才能够为企业或组织的发展提供充足的动力，为团队成员积极性的提升创造一个良好的氛围和环境。组织领导力的提升并不是一件容易的事情。组织领导力的提升是各种组织发展举措的综合作用，而不是一个简单的培养项目，需要通过各个方面的共同作用。通常的领导力培养途径和方法主要是一些训练活动，如工作实践、短期体验以及技能培训等。

这些只能让领导者的领导技能、知识结构、实践经验等得到一定程度的提升，但是对于组织领导力所要求的组织文化、管理理念、制度流程以及组织内的合作模式并没有太大的作用。随着企业或组织所面临的环境不断发生变化，组织领导力的提升是应对各种挑战的关键，企业或组织需要对组织内的合作模式、文化理念、组织结构和流程制度等进行优化，很多时候，这比领导者个人素质的优化更重要，它能促进企业或组织的发展以及目标的实现。

组织领导力的发展是要让企业或组织能应对各种复杂挑战，以实现最终目标。因此，组织领导力的发展必须培养面对未来的挑战时所需要的完成集体领导任务的能力。通常需要多种举措的综合，例如，通过绩效考核奖励等来促进成员创新能力的提升，或者通过各部门之间的协作来加强团队之间的联系等。利用这些措施，能够让组织内的活动效率得到提升。简单来说，组织领导力的提升应该立足于组织发展战略层面的需求，而不是聚焦于个人或者小部分人能力的提升。尽管组织成员的能力以及技能的提升是促进组织发展的重要因素，但它们并不是实现组织领导力提升的必然因素。

组织领导力的提升主要是为了应对即将面临的挑战，因此，应该对组织内文化、结构、流程制度以及人员能力和合作模式等方面进行改善和优化，从而通过多种策略的综合运用来推进组织领导力的提升，其具体的途径和方法包括以下几个方面（图 3-8）。

图 3-8　领导力提升的途径和方法

### 1. 改善组织理念和价值观

组织理念和价值观是组织文化中非常重要的组成部分，也是企业或组织在制定各种规章制度、组织结构和流程等的指导原则，对于企业或组织的领导决策和业务的增长等都有着深刻的影响。当一个企业或组织的价值观和理念是正向的且符合时代的发展方向时，就会对企业或者组织的发展产生正面的影响，促进组织目标的达成以及业务的增长等。而当企业或者组织的价值观和理念是消极的且与时代发展的规律相违背的时候，就会对企业或组织的发展产生负面影响，是不利于企业或组织长期发展的。

那么，如何对组织价值观和理念进行改善和提升呢？首要的是要让企业或组织内的成员在价值观和理念上达成一致，换言之，就是在成员中进行价值观和理念的同化，可以通过收集一些与组织的价值观和理念相同的案例，在组织中进行信息的传递和交流，对一些符合组织追求的价值观和理念的行为进行奖励，同时也需要领导者与成员之间不断地进行关于价值观和理念的交流和互动，在企业或组织中营造出价值观有效交流的氛围，从而在团队中强化组织或企业所追求的价值观。

对于在提升和改善组织价值观过程中出现的一些与组织价值观相违背的现象，可以在领导力发展的过程中，通过不断的研讨与交流，让这些潜在的价值观得以呈现，从而及时地发现问题并解决问题。或者是在领导力的发展过程中，促进各个阶层之间关于价值观的交流和互动，并对价值观中一些不利的因素进行改善和摒弃，对于符合追求目标的价值观形成共同的认知和承诺，进而促进企业或组织内价值观以及理念的改善和调整。只有这样，才能让组织领导力的提升拥有强大的意识基础，确保领导力的提升方向的正确性。

**2. 明确组织中各个角色的战略任务要求**

随着企业或组织业务规模的不断扩大以及外部环境的变化，企业或组织的发展对组织成员提出了新的要求，成员所承担的责任以及需要达成的目标也会相应地发生变化。这是因为业务的增长需要上下执行的有效对接，当企业或组织的发展战略随着外部的环境发生变化时，对于团队内每个成员的要求也会相应地发生变化。要想促进组织领导力的发展，就必须让组织内每个角色都对自己的任务要求有非常明确的认知，从而让处于战略发展变化中的每个成员都能及时地调整自己的行动方向和方式，更好地与组织内的各个成员形成紧密和谐的联系，进而支撑组织战略的发展和目标的实现。

通常领导力的提升更多的是关注对领导者的角色要求，专注提升领导者的领导技能和填补领导者在知识或者经验上的空缺等，而在组织领导力的提升中，则需要更加关注团队成员绩效的提升以及对团队成员期望和要求的明确，并且在完善的组织制度和机制下，促进成员积极性的快速提升。在明确成员的战略任务时，主要应该包括以下几个方面：当前组织所面临的挑战对于成员的责任要求、成员在应对挑战的过程中需要完成的任务，以及完成任务过程中可能会遇到的问题和解决方法等。通常这种角色任务的认知主要通过集中讨论或者领导者与成员之间的双向交流来完成。

**3. 明确变革的重要性和要求**

变革是企业或组织发展过程中无法避免的话题，许多领导力也是在变革中得以彰显，因为领导力也包含了对未知挑战的预见和应对的能力。为了提升组织领导力，让组织能够有效地适应随时可能会产生的变革，就必须让组织内的成员充分地了解变革的重要性和必要性，这样在企业或组织业务的方向调整、策略调整或者组织管理变化时，才能充分地得到成员的支持和信赖，让变革得以更好实施。

此外，还需要就变革的具体要求与各层级成员进行充分的沟通，让成员不仅理解变革的必要性，同时也知道如何去应对这些变革，如何有效地执行变革中的措施为企业或组织的发展贡献价值，促进业务的持续性增长。具体而言，进行变革重要性的传递以及明确变革的要求，主要是通过集中的研讨和交流来进行的，通过向组织中的各个成员传递变革的必要性，以及变革对于各个角色的具体要求，并且及时地接收成员的反馈，让变革理念在组织内部得到迅速的推广，在提升整个组织的领导力的同时，也能使组织应对变革的能力得到进一步加强。

## 四、领导力培养计划的实施与评价

组织领导力的培养是一个长期的过程，需要有一个详细的规划来确保提升的有效性。因此，企业或者组织需要制定一个领导力培养计划，其中不仅要包含领导力培养的目标、培养对象和内容、培养途径和方法等，同时也要包含对领导力培养计划的实施准则以及评价标准。因为在计划实施的过程中，许多实际的情况会对领导力发展和培养产生一定的影响，而培养计划中对计划实施和评价所制定的一些准则，就是为了确保在领导力提升的过程中不偏离既定的轨道，朝着既定的目标和方向前进。

就领导力培养计划的实施准则而言，是组织领导力提升的详细说明和具体的执行准则。领导力培养计划的实施是组织领导力发展的重要方面，不仅能够确保组织内成员对于领导力的提升有非常明确的认知，而且能够让组织领导力在提升的过程中更加具有效率性。就组织领导力的提升而言，具体应该包括以下几个步骤（图 3-9）。

首先是对于现有组织领导力的分析。在实施组织领导力培养计划之前，任何企业或组织都需要对自己目前的领导力现状进行分析，找出领导力存在的问题或者需要改进的地方。有很多企业或组织在进行组织领导力培养和提升的过程中，一直很难有新的突破或者进展，很重要的一个原因就是自我认知不清晰。有很多领导者在制定领导力培养方案的时候，并不了解目前领导力的现状以及面临的困境是什么，很容易呈现出一种认知失误，进而导致决策失误。

只有当企业或组织对于领导力的现状有了充分的认知之后，才能够在明确组织领导力发展方向以及制定发展计划的时候更加有针对性；知道领导力提升的短板在哪里，有哪些问题是亟待解决的，在领导力提升的过程中才能够更加有策略性。如有的企业或组织现阶段组织领导力的匮乏主要表现在组织文化方面，但在进行领导力提升的过程中，却将重心放在了组织结构或者流程制度的提升上，这样很容易造成事倍功半的效果。如果企业或组织对于领导力现状有清晰的认知，将提升的重点放在企业或组织文化氛围的营造上，就能够让领导力的提升更加有效和高效。

对于现有组织领导力的分析　对比领导力现状与目标　建立完善的实施阶段计划

**图 3-9　组织领导力提升计划的实施步骤**

其次是通过现状与目标的比对，明确组织领导力提升的内容。如果企业或组织已经明确了目前领导力的现状，就可以将目前领导力与目标中的领导力进行对比，进而发现二者的差异在哪里，差异也就是在制定领导力培养计划时需要进一步加强的地方。因此，将现状与目标进行对比是非常有必要的，是制定组织领导力提升计划的依据。在对比的过程中，需要注意的是对比分析的标准必须是一致的，即企业或组织需要从固定的几个方面进行领导力对比，从而有针对性地制定计划，而不是在进行对比的时候，不遵循任何标准，这样的对比是无效的。

最后是建立完善的实施阶段的计划。企业或组织已经知道目前的领导力与目标中的领导力差距在哪里，就要制定出详细的培养计划，这个计划就是领导力提升项目实施的依据和基础。为了确保领导力培养的有效性和高效性，该计划必须是详细的，同时也是可变的。详细的计划能让企业或组织在提升的过程中，不会轻易丢失培养的方向和目标，保持正确的培养和提升方式。可变的计划则是为了应对在培养计划过程中出现的变化，因为外部环境以及企业内部环境是在不断变化的，如果一味地按照既定计划来执行，很难面对这些变化所带来的新要求，也就会进一步导致计划难以达到预期的效果。

就领导力培养计划的评价而言，这个评价应该是阶段性评价和终极评价并存的，也就是说对于领导力培养计划的评价并不仅是停留在培养计划的最后一步，在领导力提升的各个阶段，都应该对于领导力培养目标的实现有阶段性的评价，同时也需要在领导力培养计划最终完成之后，对于最终目标是否实现进行整体性的评价。此外，这个评价应该是既注重过程也注重结果的，换言之，在评价的过程中，不仅应该关注领导力培养目标是否实现，同时也需要关注在领导力培养的过程中，计划是否得到有效实施，各个项目和活动的执行是否存在问题等。

只有将阶段性评价和终极性评价相结合，过程评价和结果评价相结合，才能对领导力的提升和培养计划有一个客观真实的评价。这种客观真实的评价对于领导力的进一步发展有着至关重要的意义，是组织领导力进一步提升的基础和依据。不仅如此，在进行阶段性评价的过程中，让企业或组织及时地发现培养计划中潜在的问题，能促进问题的及时解决以及确保培养计划的实施效果，同时也能让企业或组织更加了解现阶段领导力培养计划的现状，通过与各个阶段的目标进行比对，找出其中的差距，并不断地缩小与原计划的差距。

在进行评价的过程中，可以根据评价所得到的结果，进行不断的经验总结和教训积累，从而在后续领导力的培养和提升中，以及在组织领导力培养计划的制定中拥有更多的基础经验和事实依据。这样，在下一个阶段的领导力的培养和提升中，才会有更高的效率和更好的结果。

# 第四章 领导力提升的方法

俗话说，世界上唯一不变的就是变化。随着全球经济的不断发展以及科学技术的进步，人们的生活发生了翻天覆地的变化，社会在变化所带来的巨大的财富中不断进步。这种变化和进步也给人们的生活以及社会的发展带来了很多的不确定性。同时，对于企业或组织的管理也提出了新的要求，究竟什么样的领导力才能够促进企业的发展呢？这个问题始终没有一个标准的答案。

在企业或组织的领导者不断摸索的过程中，外部环境的变化也给他们带来了非常严峻的挑战和考验。企业或组织所需要的领导力也具有更深层次的含义。在应对中领导者所表现出来的领导力，也是企业或组织发展的关键所在，因此，提升领导力是至关重要的。本章将分别从复原维度、创新维度和保障维度对领导力的提升进行详细的叙述，从而揭秘提升领导力的法则。

## 第一节 领导力提升之复原维度——危机应对力

所谓“复原”就是指在经历了创伤、挫折或者压力之后，能够再次恢复如初和继续发展的能力。领导力中的复原维度就是指在企业或组织在经历了公共危机之后，能够恢复发展的能力。公共危机是所有企业领导者都必须面对的难题，而在社会发展日新月异的今天，公共危机发生的频率有所增加。这也对领导力的提升有了更高的要求，领导者要勇敢地面对危机以及危机所带来的机遇和挑战。如果领导者具备足够的能力来应对危机，自然就能化危机为转机；如果领导者不具备危机应对能力，就很容易在危机中被淘汰。因此，本小节主要从公共危机中的领导力、媒体沟通和公共形象的修复等方面来阐述领导力的提升。

## 一、危机、公共危机与公共危机领导

在了解公共危机中的领导力之前，我们可以先了解什么是危机以及什么是公共危机，公共危机中的领导力又是什么样的。首先就危机而言，“危机”一词是外来词，其含义大多是指一种威胁，会造成负面影响或者产生不期待的结果。危机在大多数人眼里通常意味着风险，对于企业或组织来说，危机的产生有可能会影响到企业的名誉和发展，甚至会影响到企业的存亡。即使在危机中存活下来的企业或组织，也会陷入产生巨大损失的风险之中，而这种对于危机的看法，在一定程度上来说是非常片面且消极的。

从另一种角度来看，当危机能得到有效的处理时，危机通常可以被看作是一种机会或者是转折点。因为纵观历史上企业或组织的发展，虽然有很多的企业或组织在危机中没落，但是也有很多的企业或组织在危机中脱颖而出，所以危机也是一个发展机会，一个由坏变好的转折点。一些陷入危机的企业或组织，如果能够处理得当，甚至有可能在危机中收获声誉，同时危机也是改变内部发展问题和缺陷的最佳时机。所以，我们不妨摈弃将危机视为威胁的消极心态，坦然地面对危机，这是企业或组织发展的必经之路，也是企业或组织发展的关键契机。

危机可能是一种威胁，也有可能是一种机会，其关键在于企业或组织是否具备应对危机的能力，能否有能力将危机处理得当。在处理危机之前，我们需要对危机有一个深刻的认识，其中包括对危机特性的认识以及对危机触发条件的认识。就危机的特性而言，有的学者认为危机具备三种特性，分别是对组织的首要目标和价值构成威胁、有限的情况骤变反应时间以及爆发的仓促性和不可预知性。

危机产生的条件通常是由于企业或组织内外环境变化引起的，并且这种变化有可能会影响企业或组织领导者的价值观以及决策的制定。

总体来说，危机可能会对企业或组织的生存和发展产生一定的威胁，但也有可能让企业或组织摆脱目前的困境而进入新的发展阶段。就危机产生的特点来说，危机通常会造成较大范围的影响，并且危机的发生一般是比较突然且意外的，需要企业或组织及时地做出响应，否则就会让情况变得失控。尽管危机是不可预测的，但并不是不可预防的，即领导者并不能够预测到危机的具体表现形式，以及危机可能会带来什么样的影响，但领导者可以敏锐地察觉到危机的到来，如果能提前采取预防措施，就能进一步提高化险为夷的可能性。

公共危机的定义与危机相比，最大的不同点在于其公共性，这也是公共危机的基本点。相较于普通危机，公共危机的强度和范围更广，能够波及整个组织，甚至是波及整个行业，乃至整个城市和国家。

公共危机其他的特征也会更加凸显，如公共危机的突发性会更明显，也就是说公共危机发生的不可预测性和不可预防性会更强烈。这种突发性会给企业或组织带来更严重的影响。相对于普通的问题而言，危机最大的区别在于其突然爆发，常常会让企业或组织的领导者措手不及，因此具有很强的冲击性和杀伤力。

此外，公共危机的威胁性也会更大，一方面是公共危机造成的影响范围较为广泛，所波及的地区更广或者时效性更强，这样在解决公共危机中所要耗费的成本会更多一些，因此，对于企业或组织的威胁更大。另一方面则在于公共危机留给领导者的决策时间往往很短，如果不能及时做出决策，会让危机的影响范围不断扩大，进而造成巨大的损失。这就要求企业或组织的领导者在面对公共危机的时候，要果断地做出明智的决策，从而能及时地制止危机的进一步恶化。

就公共危机的领导来说，主要是指领导者在公共危机中的领导方式和领导行为等。也就是说在应对危机的过程中，领导者采用不同的方法和策略，降低危机对于企业或组织的损害和冲击。但是，危机从开始到结束是一个不断变化的过程，根据危机发展所处的阶段不同，危机中的领导方式也会有所不同。其中就危机的各个阶段而言，不同的学者根据自己的理解对此做出了不同的分类，而在众多的分类中，影响最为广泛的是四阶段模式。这种四阶段模式将危机视为一种疾病，根据疾病发展的不同时期，将危机分为潜伏期、爆发期、延续期以及解决期（图 4-1）。

图 4-1 危机发展的四个阶段

潜伏期是指危机尚未发生，但已经释放出了一些征兆的阶段。此时，如果领导者具备充分的洞察力，感知到危机即将到来，及时采取措施，就能够进一步提高应对危机的能力，以及增加化危为安的可能性。

爆发期则是指危机已经发生，也已经造成了一定的损害，并且正在以一定的速度不断蔓延，如果此时不能及时制止这种蔓延，就会让危机所造成的影响范围继续扩大，也会陷入失控局面，最终会导致企业或组织没落。因此，爆发期也常常被看作是应对危机的关键时期。

延续期是指危机已经被平息，但危机所造成的影响还在进一步延续，此时领导者需要进一步做出决策，阻止危机所造成的影响进一步延续。

解决期则是危机最终尘埃落定的时期，也是企业或者组织应对危机的最终目标，此时危机所造成的影响以及危害都已经得到妥善处理，企业或组织已经恢复了发展或者已经进入了下一个发展阶段。此时领导者则主要应该对此次危机的应对进行总结和归纳，从而为下一次应对危机提供良好的事实基础和依据。

## 二、公共危机中的媒体沟通

随着社会的不断发展，尤其是随着互联网和移动通信设备的发展和普及，任何消息都能迅速传播，信息的传递也变得更加具有实时性和广泛性。在这样的背景之下，大众媒体也获得了极大的发展，它能迅速地捕捉到信息并且及时扩散。公共危机本身就是一个极具聚焦性的信息点，必然要面对大众媒体，自然也不可避免地要与大众媒体进行沟通。所以，对于企业或组织的领导者来说，应对媒体的能力也是危机中领导力的体现，同时也是领导者危机应对能力的一部分。

在了解如何与大众媒体沟通之前，我们需要了解什么是大众媒体，以及大众媒体都具有哪些特性，只有熟知这些概念，才能掌握正确的大众媒体沟通方式。大众媒体通常是指将信息公开地传递至最大数量的群体，其中这些群体通常是数目较大、异质性高且不具有特定性的，而且传递的方式必须是定时的。信息的传播者一般是较大的媒体组织或者这些组织中的个体。传递的内容通常是一些能够引起关注且具有意义的信息。正是因为大众媒体具有传播广和影响范围广的特点，使得大众媒体经常在政治对话以及社会舆论方面会起到非常重要的作用。

大众媒体与信息之间并不仅仅是一个简单的传递关系。其中以政治而言，大众媒体所做的一些报道和分析也是政治中的一环，也会对政治本身产生一定的影响。这些政治信息是大众媒体竞争的目标，因为大众媒体的本质是一种商业活动，利用出售信息来获取大众的关注，从而提升自身的价值，获取更多的利润。大众媒体与企业危机应对的关系也是如此，大众媒体需要利用对危机信息的报道来获得自身价值的提升，同时，大众媒体对于危机信息的传递也可以被视为企业或组织解决危机的一种方式。

在谈及企业或组织在危机中的媒体沟通时，就难免会提到公关的四种模式，这四种模式也常常被称为是媒体沟通理论。所谓四种模式是指在媒体沟通中常见的四种模式（图 4-2)，主要通过区分企业或组织的角色以及所需要实现的目的来进行划分，主要分为宣告模式、公共信息模式、双向对等模式和双向不对等模式。

其中宣告模式下的媒体沟通主要是用于企业产品或信息宣传，企业或组织在与媒体的沟通中占据主动优势，并利用这种模式来对外部的环境进行操控。公共信息模式则有所不同，其重点不在于信息的传递，也不是利用信息来获取利益，是一种较为客观的传递方式。双向不对等模式则是指媒体可以利用工具来收集大众的意见和态度，从而在报道中利用收集到的信息对大众进行说服，是一种目的性更强的信息传递模式。双向对等模式则是指双方之间进行了协商，并达成了共识。总体来说，在这四种模式中，前两种更倾向于单向的沟通，而后两种则更倾向于双向的沟通。

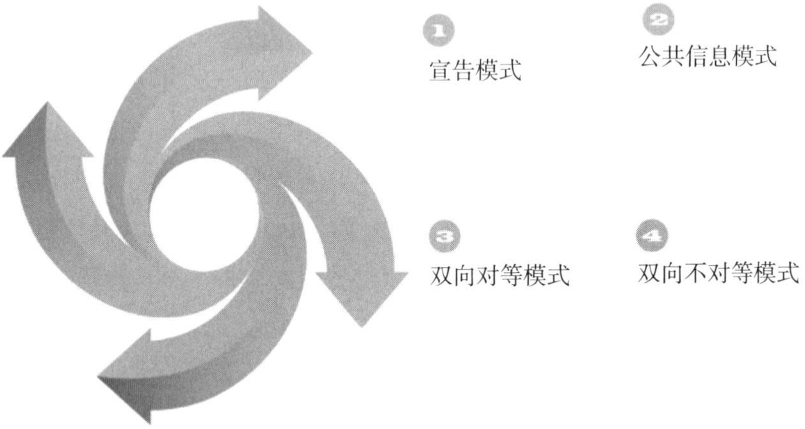


图 4-2　公关的四种模式

至于采用何种媒体沟通模式，主要依据企业或组织所面临的危机环境以及企业本身的组织结构来定，如在外部环境相对平稳的状态且企业的组织结构较为严谨时，采用前两种单向沟通或许就能达到传递信息的目的，但不会起到解决问题的作用。当企业或组织面临危机，且内部结构较为松散的时候，采用双向的沟通反而能促进问题尽快解决，以化解危机，避免其进一步爆发。对于企业和组织来说，危机中的媒体沟通应该尽可能地让公众与组织利益达到平衡状态，应该保持一种积极尊重的态度，只有这样，才能够尽快地化解危机，迎来转机。

就众多的企业或组织在危机中的领导的案例来看，大众媒体与公共危机实际上是相辅相成的关系。大众媒体对于公共危机来说是一把双刃剑，有的时候大众媒体是公共危机化解的手段之一，而有时候则会进一步加剧公共危机的恶化。公共危机也是大众媒体发展的重要方式，通过对公共危机的报道，大众媒体能够进一步提升自己的价值，与企业或组织之间进行沟通，保持理性客观的发声。其中，就大众媒体对于公共危机的影响来说，主要包括以下几点：

大众媒体的报道有时候会增加公共危机的化解难度，因为大众媒体的报道很容易让公共危机成为大众关注和舆论的焦点，在如今这个信息爆炸的时代尤其显著。当一个公共危机出现在新闻上，会受到更多人的关注，危机的处理就不仅仅是企业或组织的事情，甚至有可能演变为整个行业关注的焦点。这种广泛的关注实际上也给危机的处理带来了新的挑战，因为大众媒体的报道会将事态的严重性进一步扩大。

此外，大众媒体的报道会对企业或组织的公众形象产生影响，在公共危机尚未解决之前，大众媒体的报道会在一定程度上影响大众的看法，且常常会造成一种评判的效果，在一定程度上引导着舆论的风向。例如，当公共危机爆发时，如果大众媒体的报道都在追究公共危机产生的根源是企业或组织内部结构混乱等，就很容易破坏企业或组织在大众心中的形象。如果大众媒体的报道都是围绕着企业或组织采取何种方法积极应对危机而展开，就能在一定程度上塑造企业或组织的公众形象。

正是因为大众媒体对于公共危机的处理有着不可替代的作用，因此，在公共危机事件中，大众媒体通常会成为各方利益争夺的焦点，各方都希望能够通过大众媒体进行发声，从而占据舆论或利益优势。对于大众媒体来说，公共危机本身就具有新闻价值，其冲突性和影响性常常能够很快地成为公众的焦点。企业或组织在公共危机中的媒体沟通应该保持一个双向且相互尊重的态度，从而利用大众媒体来辅助危机的化解。

## 三、公共领导者的公共形象修复

正如前文所提到的，大众媒体在公共危机的处理中占据着举足轻重的地位，所以在公共危机发生之时，企业或组织的领导者可以利用大众媒体进行信息的传递，同时可以进行企业或组织公共形象的维护。利用大众媒体，企业领导者可以将危机的不确定性进一步降低，让企业或组织能够赢得大众的信任。在危机处理中，主要的目标是让企业或组织回归到正常的发展中，通过大众媒体修复企业或组织的形象，在一定程度上是促进了企业或组织的复原，让公众对企业能够有一个良好的正面认知，从而为企业和组织营造一个良好的舆论环境。

公共危机中的领导力也不同于一般状态下的领导作用，因为公共危机爆发的时候，企业或组织所面临的内外部环境都是处于非正常状态之下的，所以对于领导力的需求也会不一样，领导者需要有更加战略性的思维，同时还要应对媒体沟通，因为媒体沟通是危机解决过程中非常重要的组成部分。就危机领导力与媒体沟通而言，它们是两个密不可分的。在危机中，危机领导力需要有良好的危机处理技巧，与媒体的沟通技巧就是其中之一。在如今的危机处理中，传播的重要性日渐凸显，这其中包含的不仅是一种简单的沟通，更多的是企业或组织与媒体之间就确定的话题和目的进行有效的信息交换和交流。企业或组织需要通过信息的传递来降低公共危机的不确定性，从而赢得大众的信任。

在与媒体沟通中，非常重要的一点就是企业或组织领导者公共形象的维护。领导者在面对大众媒体进行信息传递的时候，自身的公共形象至关重要，因为这不仅代表了企业或组织在公众心中的形象，同时也会影响到危机的处理。一个良好的公共形象能够让企业获得公众的支持，有利于危机的化解。如果领导者在面对大众媒体的时候，没有塑造一个正面的形象，很容易影响企业在公众心中的形象，进而丧失领导权威和危机应对能力，并进一步影响到危机的处理。因此，对于企业或组织的领导者而言，利用大众媒体进行公众形象的维护是非常重要的战略支点。

所谓“形象”就是他人基于我们的言语以及行为表现所形成的认知以及相关评判，通常带有一定的价值判断和认知。对于公共领导者来说，良好的个人形象能够对领导力以及领导权威产生正面的影响，让领导者在企业或组织中赢得更多的信心和支持。对于整个企业或组织来说，领导者的公共形象就是企业或组织公共形象的展现，领导者形象的好坏会直接影响到企业或组织在公众心中的形象。随着媒体的不断发展，人们获取信息的渠道也变得更加广泛，这对于公共形象的传播来说是一把双刃剑，因为好的形象能够得到迅速的传播，同时公共领导者所表现出来的任何一点失误都会被曝光，进而演变成危机。因此，公共形象的维护是公共危机处理过程中非常重要的环节。

通常，企业或组织的领导者进行公共形象的维护主要是利用大众媒体进行语言或行为的传递，换言之就是利用语言符号来进行形象的挽救和塑造。在利用大众媒体时，对公共形象的修复与公共危机媒体沟通又会有所不同，主要是通过一些语言表达艺术来保护组织在公众心中的形象，从而减少公众在危机中对于企业或组织的责难。这种利用大众媒体来传递信息、挽回企业形象的行为，也可以被视为是一种辩解的艺术，是一系列策略的综合。

企业或组织的领导者在应对公共危机的时候，能否将公共形象进行修复，直接影响到公共危机中领导力的复原。正如前文所提到的，复原就是在经历创伤之后，能够得到恢复和发展。公共形象的复原不仅仅是恢复如初，更是超越原本的复原，能让企业或组织的领导者的危机应对能力得到进一步的提升。公共形象的修复基础是形象受到了责难或冒犯等因素的影响，此时需要公共领导者对误解进行澄清，对恶行进行否认。根据相关学者的研究，领导者在公共危机中进行公共形象的修复，通常需要掌握以下几种策略（图 4-3）。

**图 4-3　公共形象的五种修复策略**

一是否认。否认是指在应对公共危机的过程中，企业或组织常会受到无端的责难和指控，此时要维护企业的公共形象，就必须对这些责难和指控进行否认和澄清，从而重新赢得公众的信任。通常这种否认有两种类型，第一种是简单地否认，即直接表明所谓的责难是无根据的，组织并不存在指控中的行为；第二种则是将责难进行转移，即在简单否认之后，把问题和指责都转移给第三方，这样就能在一定程度上将大众的焦点进行转移，从而维护企业或组织的公众形象。

二是卸责。如果企业或组织的确存在一定的错误行为，而领导者又希望能度过危机，就会对已经犯过的错误进行卸责，即逃避或者减轻自己需要承担的责任。在进行卸责的时候，一般会采取四种方式，其一是将这种行为解释成正当防卫，即企业或组织做出这种行为是为了阻止受到某种侵害。其二是将错误的行为或者后果归结为无能为力，如因为一些不可抗力因素导致的损失。其三是将行为发生的原因归结为意外，强调习惯行为的无意性。其四是将行为发生的动机美化，向大众传递是出于善意才做出这样的行为。

三是止痛。所谓止痛是指当企业或组织处于舆论指责的困境中时，领导者仍然可以通过大众媒体来缓解大众的指责以及负面的评价。如通过对企业或组织曾经的正面事迹进行宣传，强化在大众心中企业或组织的正面形象，或者将企业或组织的错误行为造成的影响进行淡化，强调企业或组织造成的损害是可以弥补的。当然，有的企业或组织的领导者在处理这一类危机时，会采取转移公众注意力的方式，即抛出对竞争对手的指控，一方面转移了公众的焦点，另一方面也降低了对自己不利言论的可信度。

四是修正。修正即是指领导者在大众媒体上公开表明企业或者组织对于指控的态度，承诺愿意承担因为错误的行为所造成的后果，以及会付出一切来将事态恢复原状，并确保不会再出现类似的问题。这是一种较为诚恳的公共形象的挽救方式，主要是为了避免问题进一步扩大化。

五是道歉。道歉则是指企业或组织的领导者通过大众媒体公开对企业所做出的行为以及造成的损失进行道歉，承认自己的错误并且希望能够得到大众的谅解。通常这种道歉如果足够诚恳，领导者能充分掌握危机公关的艺术，就能够在一定程度上获得大众的谅解，消除企业或组织目前在大众心中的负面影响。

在公共危机中，领导者采取何种策略进行公共形象的维护主要是根据实际的情况来定，但总体来说，不论什么策略，领导者在面对大众媒体的时候首先应该有一个诚恳的态度，并充分地意识到与媒体沟通对危机中公共形象修复的重要性。

## 四、公共危机与危机应对力的战略运用

在充分认识到什么是公共危机以及公共危机领导力后，对于一个企业或组织来说，要想顺利地度过公共危机，就必须制定一系列的措施，以此来应对随时可能会产生的危机。因为公共危机的发生是有一定的周期的，在公共危机产生时期，对于企业领导者而言，领导力的提升又会有一些新的需求，如领导者的危机应变能力。因此，将对公共危机以及危机应对力的理论认知转化为实际的战略运用是非常有必要的。简单来说，就是企业或组织的领导者该如何从战略层面来提升危机应对力。基于前面对公共危机以及公共危机领导力的认知和讨论，可以简单将危机应对力的战略提升策略归为以下几点（图 4-4）。

**1. 树立公共危机意识**

领导力中很重要的一项能力就是对危机的预见能力，任何应对危机的措施

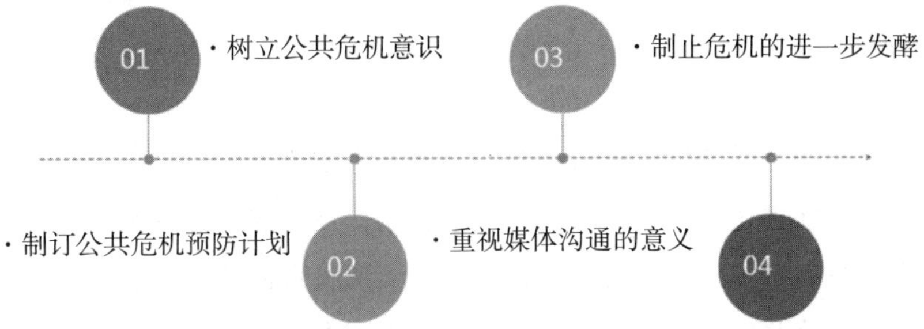


图 4-4　危机应对力的战略提升策略

都是基于对危机的事先预见，而正如前文所说，领导者并不能真正地预见到危机以何种形式出现，领导者能够预见的是危机发生的可能性并具备危机应对意识。很多领导者在危机到来的时候没有任何准备，因此，不能掌握先机和做好适当的防范措施，从而导致公共危机不断蔓延。这是因为领导者不具备公共危机意识，仅仅将其当作一种突发事件，不认为危机具有可预防性。

实际上，公共危机的发展是有一个过程的，任何一个危机都不会无缘无故产生，一定存在一定的原因或者趋势促使危机产生。不同的危机有不同的诱发原因，尽管危机发生的形式等是难以预测的，但是，当领导者具备足够的能力时，就能够通过一些预兆来预知危机的到来，从而做好充分的预防工作，减少危机带来的损害和破坏。如果领导者仅仅将危机视为一件突发性事件，不对危机做任何的预防措施，这样在危机来临的时候，很容易造成一发而不可收的局面，进而导致公共危机产生的危害不断扩大。

因此，对于领导者危机应对力的提升来说，最根本的一步就是要树立公共危机意识，使其充分了解到公共危机是随时都有可能发生的，但这种公共危机的发生也并不是让人毫无预防和准备的。领导者需要具备居安思危的能力，充分地认识到掌握先机对于公共危机的处理是至关重要的。

树立起公共危机的意识，随时做好应对公共危机的准备。只有在充分建立好心理防线以及必要的准备时，才能够让企业或组织的危机应对力有所保障。

**2. 制定公共危机预防计划**

当企业或组织的领导者已经对于公共危机有了充分的认知之后，为了进一步减少危机对于企业或组织的损害，就必须在公共危机爆发之前，做好一切预防工作来防止危机到来时整个企业和组织的措手不及，提高企业或组织领导者的危机应对能力。那么，如何制定危机预防计划呢？简单来说，有以下三点：

首先是预测公共危机，任何公共危机的产生都不是空穴来风，对于领导者来说，要充分认识企业或组织目前的发展现状以及可能存在的问题，对有可能产生的公共危机进行预测。其次是将各种公共危机可能造成的后果以及损失进行列举。因为公共危机通常具有很强的爆发性和突发性，即便是做好了防御的准备，也很有可能会让企业或组织承受一定的损失，因此，领导者可以先对公共危机有可能产生的一些危害进行罗列和分析，只有这样，才能够做好万全的准备。最后是采用适当的危机应对方法，来对相应的危机制定解决预案。

**3. 制止危机的进一步发酵**

当公共危机产生之后，企业或组织的领导者要做的就是要制止公共危机的进一步蔓延，减少公共危机可能带来的危害。此时领导者所做的决策对于危机的应对来说是非常重要的。领导者的处理方法决定了危机是会进一步蔓延还是会得到遏制。很多领导者在面对公共危机的时候，会受到一些内外因素的影响，造成危机进一步扩大和升级。如因为领导者和公众对于危机的认知不同，受到一些大众媒体的影响，公众可能会对企业或组织产生一些误解，而领导者在应对危机时的举措也可能会加深公众对企业或组织的恶意。

那么，领导者在面对公共危机的时候，如何有效地去遏制危机的进一步蔓延呢？首先领导者在制定危机应对策略的时候应该十分谨慎，不要仅站在企业或组织的角度去考虑问题，如只是单方面地推卸责任等，领导者需要站在对方的角度去衡量问题并提出解决方案，从而让双方的利益都能够得到一定程度的维护。其次是在制定危机应对策略的时候，领导者要对企业或组织的现状有充分的认知，客观地评估企业面临的一系列环境因素、企业本身所具备的能力以及发展现状，只有在多种因素的综合下，才能够制定出有效解决危机的策略。

**4. 重视媒体沟通的意义**

随着信息时代的不断发展，领导者在处理公共危机的过程中，很难忽略媒体对于公共危机处理的影响。公共危机的发生对于媒体来说是可以挖掘的新闻点，是媒体增值的重要渠道，而对于领导者来说，媒体也是其提升危机应对能力的重要途径。因为公共媒体具有传播范围广和传播便捷的特点，如果说公共危机的发生是突发的且影响范围较广，那么媒体则能让企业或组织领导者应对危机的措施影响力得到广泛和及时的传播。

在危机爆发之初，企业或组织的领导者可以充分地利用大众媒体，向公众及时地对当时的危机做出进一步解释，防止事情的真相被曲解。同时也可以在第一时间向公众表达企业或组织应对危机的决心和初步做法，这样就能让大众了解到企业对于危机的重视，从而避免产生一种不作为的印象。在处理危机的过程中，企业或组织可以将危机的处理办法以及取得的进展随时向大众公布，让对公共危机的处理和企业或组织有所关心的大众及时得到消息，并且要彰显出企业或组织应对危机的能力，维护企业或组织在公众心中的形象；企业或组织也可以利用大众媒体来扭转危机中不利于企业的舆论环境，如通过大众媒体向公众传递企业的正面事例，可以缓解和扭转危机中企业或组织的形象。

## 第二节 领导力提升之创新维度——组织再造力

对于领导力来说，最重要的是应对变化的能力。随着社会的不断发展以及市场环境的不断变化，企业或组织的内外部环境都随着时代的发展而不断变化，如果不能顺应时代的变化，一直故步自封，就很容易导致企业或组织被时代淘汰。要想保持企业或组织的可持续发展，就必须学会主动变革。对于领导者来说，就是要掌握创新思维，创新能力是领导力提升的一个重要的能力，也可以被称为组织再造力。本小节将从组织再造力的特性，自我领导与领导创新，以转型领导为代表的前沿探究和转型领导与组织再造力的战略运用等方面对领导力提升的创新维度进行介绍。

### 一、组织再造力之创新性、变革性和再造性

组织再造力是领导力在创新维度上的一种体现，是企业或组织的领导者在面对变化的环境时，能够顺应时代的变化，对企业或组织进行优化和升级。其

中既包括对企业的业务流程等进行调整，也包括对企业或组织内部的制度流程或者组织结构等进行调整。在这种组织再造力中，通常表现出三种特性，也就是创新性、变革性和再造性（图 4-5）。

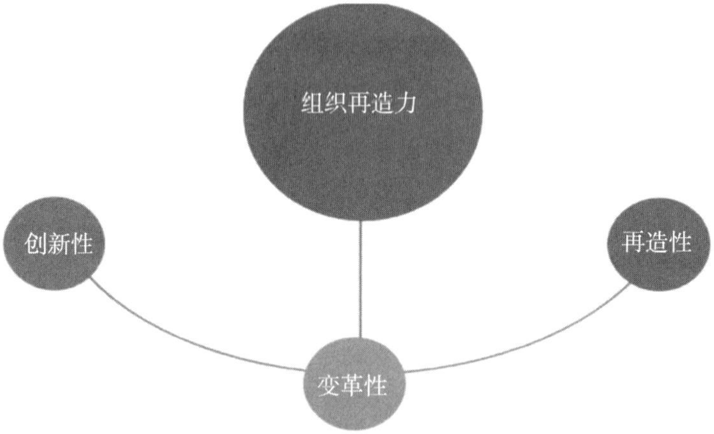


**图 4-5　组织再造力的三种特性**

首先，就创新性来说，这是组织再造力中最明显的一个特征。因为再造在一定程度上意味着“新”，而创新究竟指的是什么？“创新”一词最初出现在经济领域，主要是指新经济中新的组合。随着创新逐渐被引入各个领域，人们对于创新的认知又有了新的理解，有的人认为创新就是新想法、新产品或者是新服务，有的人认为创新是新的构想、新的实践。尽管大家对于创新进行了不同角度的定义，但总体来说，创新是一种新出现的、具有促进发展和前进的动力。

以组织再造力的创新性而言，随着科学技术以及经济环境的不断变化，人们的价值认识以及需求在不断变化，同时行业内的竞争也在不断加剧。这一切都让企业或组织所面临的发展环境变得更为复杂。企业或组织要想在如此复杂多变的环境中具备与竞争对手抗衡的优势，就必须学会创新，创新是组织生存的必要因素，同时也能促进组织的发展。在组织再造过程中，根据类别和内容的不同，创新可以分为不同的类型，其中根据创新的程度不同，创新可以分为渐进式创新和突破式创新。

渐进式创新是一种改革程度较小的创新，主要是在原有的基础上做出一些改善，从而实现改革创新的目的，通常这种创新模式也被称为是维持性创新或连续性创新。如一些企业根据用户的需求，对现有的产品和服务做出一些改变，从而让产品和服务能够更符合用户现在的需求，让企业能够留住用户并且提高用户的忠诚度。

突破式创新则是一种全面性的创新，将已有的制度或者规则全部推翻，从而形成一种新的组织制度或构成。这种突破式创新会给组织带来较大的冲击和改变，一切不适应时代发展以及企业或组织当前发展需求的运行模式都会在突破性创新中被推翻。在这种创新模式之下，改变对于企业或组织来说是一个进入新的发展阶段的机会。在企业或组织实际进行创新的过程中，突破性创新和渐进性创新往往是相辅相成的，因为当组织进行了突破式改造之后，需要利用渐进性创新来做出一些局部的调整。

组织再造力的创新是体现在多种方面的，不仅仅是组织内部结构的创新，同时也包含一些组织行为模式、思想观念以及领导方式的创新。在领导力的提升过程中，创新更多地来源于领导实践。也就是说，企业或组织的领导需要不断地适应外部环境的变化，找到适应变化的新的组织结构方式、流程制度和组织行为模式，并学会在这种新的模式下找到合适的领导方式，以便实现领导方式的转变、领导观念的革新以及组织机制的创新。在这种创新的驱动下，领导效率能得到进一步的提升。企业或组织的发展也会在创新的驱动下收获新的发展契机和推动力。

其次，组织再造力的变革性是指领导者为了让企业或组织的发展更加适应内外部环境的变化，对其内部结构进行调整和变革，进而让企业或组织能在众多的变化中生存并获得持续的发展。通常这种变革是指对企业或组织的内部结构进行调整，进而保持企业或组织的均衡发展。在进行变革时，企业或组织的领导者不仅要考虑到外部环境的冲击，同时也需要关注内在环境发展的需要。这种为了企业或组织能够不被淘汰，基于适应环境变化而进行的自然改变就可以被称为变革，是由一种状态转变为另一种状态的自然变化。

在具体的实践中，这种组织变革的表现形式往往是多种多样的，不仅包括组织内的人事、技术和方法的变革，也包括组织结构的变革。根据组织变革发生的原因，可以将组织变革分为计划性变革和非计划性变革。其中计划性变革是指通过组织内部讨论，有确定的目的和计划，经过一系列规划和设计之后付诸实践的变革。非计划性变革则是指并非经过任何的筹划和谋略，而是因为环境变化自然发生的组织变动。然而，不论是计划性变革还是非计划性变革，从根本上来说，组织再造力的变革性就是对组织现状的改变，其中包括了对组织结构、组织功能以及制度流程等方面的改变，并且都是以提高组织应变能力为根本目的。

就组织再造力的变革性对于领导力的要求来说，领导者首先要具备变革领导思维，因为组织变革意味着对原有不适应发展部分的去除，从而给组织带来一些新的生命力。因此，对于领导者来说，在进行组织变革问题的探讨过程中，应该更关注目标导向，即组织变革后能够带来的结果以及能够产生何种变化。当然，组织目标的制定会受到外在环境压力以及内部组织需求的影响，这种影响也会因为产生原因的不同分为正面影响和负面影响，而如何根据这种影响做出合理的变革，则是领导者需要具备的能力。

总体来说，在组织再造力的变革性下，领导者需要具备：一是当组织或企业遭受外部的冲击时，领导者在这种刺激下，产生变革的动力和决心。很多企业或组织在经受变革之后，很容易被时代淘汰，其中最重要的原因之一就是企业或组织领导者故步自封，不愿意接受和做出任何改变。因此，对于领导者来说，想让企业或组织能够在不断变化的环境中获得生存和发展，就必须具备变革的动力，当企业或组织内部的某些结构或制度不符合发展的需求时，领导者要勇于变革。二是善于预设变革目标，就是说在变革的过程中，领导者需要以特定的目标和结果为导向，如根据需要解决何种问题和实现何种结果，组织者在进行变革的时候就能够有更多的动力。当然，除了要以目标为导向外，领导者还需要根据变革所需要付出的成本，如时间、知识和人力等，将变革预期与企业现状进行对比，从而找到更合适的变革策略和方法，以期最大程度地实现变革的目标。

最后就组织再造力的再造性而言，再造性最初起源于新公共管理学派，通常与企业再造、企业流程再造等联系在一起。不论是何种形式的再造，再造性的主要含义都是指经过重新思考之后，对业务流程等进行更新，从而在企业或组织的发展上获得成效。当然，不同的学者从不同的角度对再造性的含义进行了深刻的阐释，在众多的不同理解中，再造性有三种相似的特性，分别是根本性、彻底性和全面性。

根本性主要是说再造性的变革是一种根本性的变革，它要求组织领导者和成员能够从组织的最根本逻辑入手，正视组织和业务的根本问题，从而实现组织的再造。彻底性则是说这种再造性是一种对于传统的彻底突破，并不仅仅是对组织的部分调整，而是彻底推翻和重新打造。全面性则是说这种组织的再造是贯彻于组织的方方面面的，从一种到多种的改造和投入，贯穿于企业或组织的整个业务流程之中。也就是说，再造性就是以组织的核心能力为焦点，根据组织的结构和业务流程等，进行重新思考和设计，在提升领导力的同时，实现组织结构的巨大改善和进步。

## 二、自我领导与领导创新

在领导学的众多理论中，自我领导以其独有的前瞻性和实用性强等特点成为应用最为广泛的领导学理论之一。对于领导力战略性的提升而言，自我领导是领导力提升中较为新颖的一个角度，从自我领导的视野来分析，我们可以得到新的领导力提升的思维。在此之前，我们需要对自我领导有一个深刻的了解，因为只有在充分认识自我领导的基础上，才知道如何将自我领导与领导创新相结合。

就自我领导的起源来说，自我领导最初源于第一次工业革命，由于当时领导阶层的审核制度，让员工的工作态度和行为都相对消极，于是，第二次工业革命时期，员工开始了自发性的领导，自发地组织团队并完成工作。在这种自发性的领导中，员工的行为和想法都是发自内心的，同时也在团队中形成一种相互影响的氛围。他们会对自己的工作日程以及流程进行自我安排，并且对工作中所需要面对的人际关系会积极处理。在这样的氛围中，自我领导极大地提高了团队成员的积极性以及工作效率。

自我领导对于企业或组织来说是至关重要的，随着企业发展的内外部环境不断变化，仅仅依靠领导者来调动企业员工工作的积极性是完全不够的。随着企业发展进入一定的阶段以及企业发展规模的不断扩大，企业发展的同时也需要团队成员自我监督、自我批评等能力的提高。因为当企业成员有足够的能力进行自我绩效监控、自我行为的校正和资源搜寻等，企业或组织的竞争优势就能得到进一步提升。

通常，企业员工的自我领导行为可以分为自我审视、自我目标设定、自我调整、自我批判等几个方面（图 4-6）。换言之，在自我领导的过程中，成员首先要对自我有充分的认知，对自我行为的现状以及所适合的规范有清楚的了解，然后，根据现状来设定自我发展的目标，并且在实现的过程中不断地对自我行为进行调整和优化，从而让自己更加接近自己的期待和设定的目标。同时，可以根据团队或者个人建立的奖惩制度来进行自我批判，最终实现自我的进步和业务的完成。

**图 4-6　自我领导行为的几种表现**

在具体的自我领导的实践中，员工的自我领导行为通常表现为以下几个方面：自主处理工作、自主规划业务流程、自主制定决策和解决问题。在整个自我领导的过程中，领导者对于员工的监控和管控程度都会有所降低。自我领导也是领导者的领导力分享的过程，领导者在充分信任团队成员的基础上，以一种信赖的沟通和行为模式，将更多的自主权释放到团队中，让员工能够有充分的自我领导空间，并且能够在与领导者合作的基础之上，充分地掌握自我目标设定、业务规划等行为。

从根本上来看，自我领导也是一种观念和行为的创新，不同于传统的领导力提升的观点，传统观点只是关注领导者的领导力提升，试图通过更好的领导方式来提升员工的工作效率和积极性，进而促进整个企业的发展。自我领导则是直接从员工入手，让员工对自己的行为和观念负责，通过自我领导来实现自我提升。团队的成员通过自我制定目标和愿景，然后根据自我规划对目标的实现全力以赴。需要注意的是，这种自我目标的制定是以整体的团队目标为基础的，当每个成员的自我领导目标得以实现的时候，组织的整体目标也会获得一定程度的实现。

就领导创新而言，正是因为领导创新是战略领导力创新的重要维度，不少学者针对领导创新进行了大量的研究，有很多理论对领导创新进行了深入的阐述。这些理论也受到了一些相关理论的影响和启发，其中对领导创新理论影响较大的几种理论分别是演化理论、改变理论、社会技术系统理论和能力吸收理论。

（1）就演化理论来说，领导创新是一个历程相对缓慢、改革也相对平缓的过程，通常会受市场竞争环境和发展周期的影响。其中著名的演化理论学者尼尔森和温特曾在《经济变革的演化理论》中提到，演化理论的核心是指组织的行为模式以及市场结果是一个动态发展且相互影响的过程，这个过程会随着时间的变化而不断变化。在这个过程中，领导创新在不同的产业中会有不同的效应，如一些新加入市场的企业或组织通常会采用技术上的创新来提高企业或组织的竞争力。这种创新也会被后来者模仿，于是，在之后的发展中，领导创新就会随着企业或组织的发展周期的演变，逐渐遍及企业或组织发展的方方面面。

（2）在改变理论中，领导创新并不一定能给企业带来好的结果。改变理论认为领导创新必须适应环境的改变，顺势做出改变，只有和环境的变化相结合，领导创新才能对企业或组织的发展产生正面的影响。如果忽略掉环境的影响，在企业或组织中进行突然的领导创新，反而会对企业或组织产生不利的影响。如果能在领导创新的同时实现和环境变化的配合，就能给组织结构的改变、制度的革新以及创新等带来非常正面的支撑。

（3）社会技术系统理论指出在领导创新的过程之中，组织形态会对其创新的过程和结果产生影响。社会技术系统理论也是领导创新的重要方法论，通过将社会学和技术的概念相结合，社会技术系统理论更加关注组织成员的态度、自我规范以及业务完成情况。在领导创新的过程中，社会技术系统理论更加偏向于采用整合的领导方法，如共同协作的模式、扁平化的管理以及自我约束的团队等。

（4）能力吸收理论认为领导创新也会受团队成员吸收能力的影响，换言之，领导创新的程度以及效果，会受团队以及团队成员所拥有的内在潜能和外在影响力的影响。当一个团队成员具备非常好的知识吸收潜能时，就能够对领导创新起到非常正向的影响作用，进一步促进组织领导力的提升。如果当组织吸收能力不足时，组织领导创新能力也会被削弱，因为外在知识的吸收和内化知识的能力都会受到影响，自然也就难以实现组织领导创新。

## 三、以转型领导为代表的前沿探究

转型领导是领导创新的重要维度，也是领导学研究中非常重要的一部分。转型领导也是领导学在研究过程中不断进行自我创新和再造的重要表现。因此，当我们从创新的维度来阐述领导力的提升时，必须对转型领导有一个充分的认识。在领导学研究过程中，关于转型领导的理论研究一直是众多学者关注的焦点，也是最具代表性的前沿研究。随着时代的不断前进和发展，转型领导理论对于领导者来说也是至关重要的。通过对转型领导理论的学习，领导者能够更好地在复杂多变的环境中完成领导力的提升，让领导力的提升更加适应企业和时代的变化与发展。

转型领导，顾名思义，意味着对传统的领导方式的一种改变。领导的过程实际上也是转变的过程，领导者在进行领导方式的转变过程中，通过一些方式来影响团队成员的价值观和行为，让团队的成员也能够跟随领导方式转变而有所提升。在这个过程中，领导者要充分了解团队成员的需求和发展现状，然后根据自己的判断和认知，制定有效的激励制度，从而提升团队成员的积极性和主动性。

在现代领导理论的代言人巴斯看来，转型领导不仅包括领导者利用自身的魅力对成员进行影响，同时也包括领导者基于成员的需求，对团队成员的认知进行激发以及对其行为进行关注。因此，巴斯将转型领导分为四种类型，分别是理想化影响、能力启发、个别化关怀和激发动机（图 4-7）。在这四种类型的转型领导过程中，领导者充当了不同的角色，发挥了不同的作用，此时的领导者与团队成员之间不仅仅是领导与被领导的关系，同时也是一种彼此激励和提升的关系。在转型领导的过程中，领导者需要对团队成员的价值观和能力水平有更高层次的认知和认同，逐步地促进成员的自我实现。

也就是说，转型领导更关注的是领导者通过自身的行为或者言语来对团队成员进行影响。这种影响不仅表现在对团队成员的价值观和信念的影响上，也表现在让团队成员树立更高的自我目标，不会轻易地被眼前的利益所束缚。这种转变对于团队成员自身来说，包括了自身层次需求的改变，从而更加注重实现自我价值。此外，领导者还可以利用企业或组织的文化来对团队成员产生影响，使其在对领导者充分信任和尊重的基础上，愿意以更高的积极性来对待自己的工作，并且朝着更高的目标前进，往往转型领导中的成员会获得超出预期的成就。

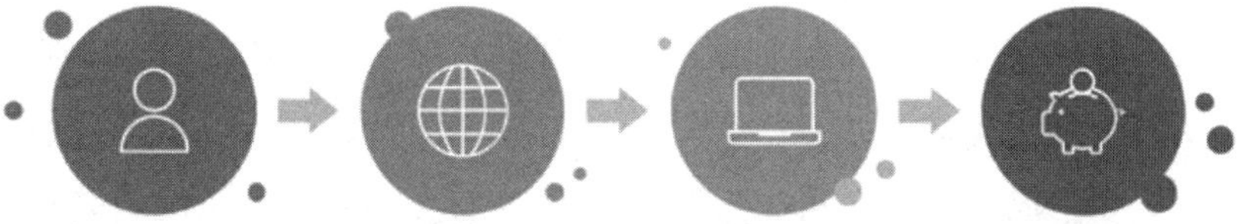


**图 4-7 巴斯转型领导分类**

对于企业或组织的发展而言，转型领导对企业或组织的影响通常是正面的。因为当领导者具备转型领导的能力时，他就会利用自己的行为和影响力激励企业或组织成员的目标和价值取向，从而让团队成员在工作表现和达成的目标上都得到提升。具备转型领导能力的领导还能让团队员工对工作的满意度得到提升，进而降低员工对工作的不满和离开的概率。在转型领导之下，企业或组织的领导者并不是简单地将工作布置给各个部门的人，领导者会更加注重如何激发团队成员的积极性和创造性，如此一来，团队成员就不会仅仅按部就班地完成工作，他们通常都能超出预期地完成目标，从而促进企业或组织的发展。

如何在企业或组织领导中实现转型领导呢？非常重要的一点就是组织成员的认定，所谓组织成员的认定，简单来说就是一种组织角色的认定。组织成员的认定是一种群体知觉，也是一种自我认定的过程。组织对成员的认定、成员对自我组织角色的认定以及组织认同感都有非常重要的影响。

组织认定的对象既可以是个人也可以是组织，而且组织认定过程中也会关注到不同的认定层次，如关注认定对象的认知过程、情感发展过程以及对企业或组织的影响等。换言之，组织认定是具有多维性和多面性的特征。尽管关于组织认定的理论和研究有很多，但从组织层面对其进行研究的理论却并不是很多。这主要是因为组织认定是激发个体知觉和促进行动的要素，因此，专家多从个体相关的理论，如社会认定理论、依附理论和社会独特理论等来进行研究。

其中以社会认定理论为例，它是组织成员认定理论的基础。社会认定理论认为个体在发展过程中会在组织中寻求定位，从而让自我概念得到发展，而这里的自我概念主要包括两个方面：一方面是个人认定，也就是个人对自我在社会中的角色期待以及自我认知等；另一方面是社会认定，即社会组织对个人角色的认知和期待。换言之，个人认定是每个人对自我发展的提问，如我是谁、我从哪里来、我要到哪里去的提问。社会认定则是个人在组织发展中对于自我的探讨，其所追求和发展的自我都是在组织中实现的。

根据社会认定理论，个体需要在组织中发展自我，寻求自我的认同感和归属感，从而满足自我发展以及社会自我的需求。在领导的过程中，组织认定的过程则主要在于成员对其在组织中赋予的角色意义。从一定程度上来说，是个体对于组织所产生的一种心理关联，让个体能够在组织中获得心理上的满足。对于组织而言，组织认定可以让成员在组织中的认知进一步加强，更加结构化和简化，便于成员对组织稳定性的提升。在个人的发展过程中，往往会有多个组织角色，当得到了组织的认定之后，个体才有可能在组织中充分地发挥自己的积极性和实现正向的结果。

组织成员的认定是一个包括情感、认知和双向评估的过程，其内容包括组织成员在组织中的历史感，对组织的情感投入、组织角色的了解等内容。其中就情感上来说，组织认定在一定程度上满足了个体对组织的心理需求。从认知来说，个人加深了对组织的认知以及和其他组织的区分，有助于个体在组织发展中寻求自身立足的根本，让个体对自己在组织中的定位有充分认知的同时，也能够让自己对于组织在行业中的定位有非常清晰的了解，从而更清楚组织的意义以及发展方向。组织认定也反映了组织中的个体对于组织的需求，这种需求体现在情感满足和个体发展方面。

总体来说，在组织领导的过程中，个体会在组织发展的过程中需要组织归属感，并且找寻组织内的自我。组织认定则能够满足个体在组织中的自我发展需求以及个体对于组织的情感需求，这也是转型领导的关键所在。当组织的个体能够对自我有一个清晰的认知时，就能够对自己在组织中的角色以及组织本身有一个很好的了解，从而激发个体在组织中的积极性以及个体正面影响的创造。

## 四、转型领导与组织再造力的战略运用

在传统的领导方式中，组织的领导者常常会以相对保守的方式来进行领导，将组织中的领导权尽可能地掌握在自己的手中，让组织成员处于一种被动的状态；或者长时间保持一种领导方式，而不会根据组织内外部环境的改变来进行相应的

领导方式转型，因此，在组织面临发展困境的时候，常常也意识不到领导力问题的存在。根据韦伯的分析，传统的组织领导方式通常有三种表现形式：一是以法规为基准，即在传统的领导方式中，组织的制度和法规在领导的过程中占据了非常重要的地位，是领导判断的标准；二是理性原则功绩保障制度；三是层级制的体系，即在领导关系中是绝对的上下级服从，被领导者常常处于一种被动的地位。

在转型领导的过程中，组织再造力是领导力发展和提升的关键，也是组织领导力在变革中逐渐走向现代化的必经之路。组织再造力是一种领导力的创新，不仅需要领导意识的转变，同时也需要组织成员都能有共同的变革意识来完成这样一种组织再造。只有当组织领导者和成员都有足够的变革意识时，才能推动整个组织的改造，并且让成员在改造的过程中拥有坚定的信念，在这种信念的引领下，组织成员就会付出具体的行动来促进组织的变革和发展。具体如何来进行转型领导以及组织再造力的提升呢？主要有以下几点（图 4-8）。

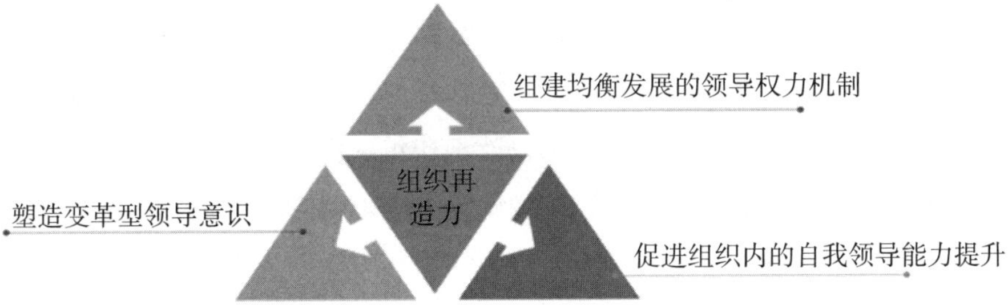


**图 4-8 组织再造力的战略提升方式**

一是塑造变革型领导意识。因为对于领导者的组织再造力来说，最重要的就是要先树立起领导者的变革意识，只有当领导者对领导力的变革有充分的认同和支持时，才会在领导实践中付出行动来实现领导力的变革，同时也会做出努力让组织成员接受这种变革，当组织面对困难和问题的时候，才能以一种全新的思维和观念来面对问题和找到解决问题的答案。此外，当领导者具备变革型领导意识的时候，能对一些具有前瞻性的变革理念采取接纳的态度，同时也能够在进行决策的过程中主张革新以及改变，促进企业或组织的再造和不断发展。

这种变革领导意识在企业或组织的再造中，主要表现在两个方面：一方面是对于企业或组织发展的负责，另一方面则是对于组织成员发展的负责。其中以对组织发展的负责意识来说，企业或组织的发展处于不断变化的大环境中，而这种环境的复杂多变也必然将企业的发展置于不同的选择之中，是继续保持传统的发展方式和领导方式，还是跟随环境的变化做出改变，实现转型领导和组织再造。在进行抉择的过程中，领导者需要将企业或组织的发展放在利益的制高点，需要根据企业或组织发展的利益来进行变革的抉择。

对企业或组织成员发展的负责，因为企业或组织成员的发展与组织本身的发展是休戚相关的，很多时候，成员需要在组织中实现自我认同和自我发展，这一切都建立在组织发展的保障之中。只有组织保持持续不断的生命力，为成员的发展提供良好的保障，才能让成员在组织发展的过程中逐渐找到自我追求的目标以及实现心理上的满足。领导者及时地根据环境改变来对组织的结构流程以及领导方式等进行调整，从而让企业或组织获得持续发展。组织成员也能跟随着组织的发展，在接收一些新的理念和方式的基础上，实现自我价值的发展。

二是组建均衡发展的领导权力机制。就领导者的组织再造力而言，如果想让组织再造力的创新性、变革性以及再造性都能够得到充分发挥，就必须在组织内建立一个均衡的领导权力机制，也就是让组织内的领导权力均衡发展，权力和资源都能够得到合理的分配。这样就能有效地避免组织内出现效率低下或者劳逸不均的现象。均衡的领导权力机制并不代表所有人的权利和义务都是一样的，而是意味着需要创造一种权责一致的领导环境。领导者适当地将权力分配给团队成员，让团队成员的协作更加顺畅，让个人的能力得到充分发挥。

这种均衡的领导权力机制不仅仅体现在组织内部的均衡方面，同时也体现在组织与组织外部发展环境的均衡方面。组织内的领导权力机制需要配合内外部的环境变化，及时地做出相应的调整，只有这样才能让组织有一个坚实的发展基础。具体来讲，组织的均衡发展主要表现在四点：其一是组织内信息的均衡，即组织内的信息收取和传递必须是顺畅的，是能够保证组织正常运作的；其二是组织内知识的均衡，组织成员之间的知识运用和获取途径都是相对均等的，能够找到相应的平衡点；其三是组织制度的均衡，组织各种制度的设定主要体现权责的公平性和均衡性，是能够有助于组织的合理化发展的；其四是成员待遇的公平，组织内的制度以及待遇的设定应该是合体合身的，成员间应该有公平的保障和待遇。

三是促进组织内的自我领导能力的提升。正如前文所说，自我领导以及领导创新对于组织领导力的提升有着非常重要的意义，而对于领导者的组织再造力而言，促进组织内的自我领导力的提升也是至关重要的，因为要想让组织的再造获得更多的正面且积极的响应，就必须让组织成员改变原本的被动式行动，在多变的环境中，鼓励成员勇敢地面对计划并积极地进行适应性的变革。有很多组织缺乏组织再造力的重要原因就在于缺乏自我领导，不能自觉地进行自省和变革，永远抱着保守安逸的心态。这样只会使组织在复杂多变的时代中逐渐被淘汰。那么，如何进行组织内自我领导力的提升呢？

首先，需要对组织内外环境有充分的认知。组织所面临的内外环境是影响组织成员对话和沟通的重要因素，只有当组织成员能充分地了解组织当前发展所面临的环境以及产生的问题时，才有可能积极地进行自我改变。当组织成员对组织发展的内外部环境没有一个清晰的认知时，他们不知道企业发展面临的瓶颈以及可能的发展方向，就很容易陷入一种被动的状态，并且拒绝改变和自我完善。因此，在成员对组织内外部环境有充分认知的基础上，当内外部环境呈现出发展压力时，就能够激发出组织成员的自觉能量，进而促进组织的改革与发展。

其次，需要树立自我革新的价值理念。在组织再造力的塑造过程中，要从心理层面来进行建设，而自我革新是很多人心理上的一个盲区，即组织在发展的过程中，成员很难认识到自身的问题，而将目光放在他人身上，缺乏自觉和自省的能力，且不愿意做出改变放弃自己当前所拥有的权力。因此，组织中的每个人都应该树立起自我革新的价值理念，积极地面对不断变化的环境以及勇敢做出改变。

最后，领导者要勇敢地承担起革新的压力和责任。在建立组织再造力的过程中，除了需要在每个人心中树立起革新的理念外，还需要领导者在组织变革中承担起领导的作用，即带领组织的成员进行自我领导以及组织改造。领导者需要充分地唤醒组织成员的自我领导能力，并且共同制定组织改造的策略。此外，在进行组织改造的过程中，遇到利益冲突的情况时，组织领导者需要及时地做出正确的抉择，在顾全整个组织改革的大局并确保整体自觉的基础上，结合内外部环境来实现组织的改造与发展。

## 第三节　领导力提升之保障维度——文化构建力

在领导力提升的过程中，团队的力量变得越来越重要。所以团队建设对于领导力建设具有重要的意义。团队建设是否成功也是领导者是否具备领导力的重要体现。在团队建设的过程中，团队文化的建设是非常关键的一个环节。

一个企业或组织的价值观和文化理念能够在一定程度上增强团队成员的凝聚力，让团队成员对领导者以及组织本身产生认同感和信赖感，而这种力量正是促进组织不断发展的重要动力源泉。本节将从领导视野下的团队建设、团队凝聚力及其战略聚焦、组织文化与文化构建力的战略问题和学习型组织建设与文化构建力的战略运用几个方面，对领导力提升的保障维度进行简单介绍。

### 一、领导视野下的团队建设

对于领导者来说，团队建设是提升领导力的重要方式，当领导者具备良好的团队建设能力的时候，就能够在一定程度上降低领导力提升的难度。所谓团队建设就是指领导者有意识地在组织中建立有效的小组，小组中的成员能够通过自我管理的方式来完成工作。通过团队建设，能够让小组的凝聚力和融合度都得到提升，让小组成员之间的沟通协作能力都得到提高。当团队内的凝聚力和合作性进一步提高后，领导者的领导力提升以及其他的决策执行就会变得更加顺畅。

然而，并不是每一个领导者都懂得如何进行团队建设的，很多领导者只会利用制度来对团队成员进行约束。一个真正好的团队应该是相互合作和自由选择的，成员之间的行为都是经过自主选择的，而不应该是因为一些外在条件的约束。那么，如何做好团队建设呢？

领导者首先需要明白团队建设的目标是什么，即希望通过团队建设达到什么样的效果，或者是通过团队建设解决什么样的问题。团队建设的目标必须是清晰具体的，不只是一些抽象和宽泛的表述，如有的领导者将团队目标设定为使团队成员的凝聚力和协作性更强，但目标是否实现的评判标准又是什么呢？这是很难界定的。因此，团队建设的目标必须是具体可衡量的，这样才能让团队建设更加具有真实性和可行性。此外，团队建设的目标不是固定不变的，而是会随团队的发展而不断改变的，因此，领导者需要根据团队发展的不同阶段来制定不同的团队建设目标，从而让团队的建设紧跟团队发展步伐。

领导者在制定团队建设的目标时，不仅要考虑团队本身的状况以及团队发展的最终目标，同时也需要考虑外部环境的变化，以及团队建设如何去适应领导，或者团队建设如何为领导服务。因为在进行领导力变革的过程中，需要通过团队建设来获得组织内成员的支持，让成员也能够同时具备变革型思维，能够学会如何自我领导以及不断地通过学习来实现自我发展和创新。因此，团队建设应该更多地被注入一种变革和创新的思维，让组织成员具备多元和变革性思维。具体如何进行领导视野下的团队建设呢？团队建设方式主要有以下几点（图 4-9）。

**图 4-9　领导视野下的团队建设方式**

一是充分利用组织资源。团队建设最主要的目标是要留住组织成员，如何能够让组织成员长久地留在组织中，就需要组织为成员提供一定的资源，这里的资源不仅指的是成员工作中的福利待遇，也包括一定的市场资源、品牌资源和技术资源等。当组织能够给成员提供这些资源来满足成员的实际需求时，就能够让成员更加愿意选择留在该组织。此外，组织还可以通过对上述资源进行合理配置，给组织内的成员提供充分的发展空间和自由，这样一来，当成员能够感受到在组织中发展的潜力时，自然就会愿意在组织中充分发挥自身的价值，这样成员在实现自我发展目标的同时，也能促进组织的进一步发展。

二是培养团队成员情感。在团队建设的过程中，团队成员之间的沟通以及人际关系是不可忽视的部分。在团队建设的过程中，领导者需要把握好每一个团队成员的情感需求，不仅领导者自己要和团队成员之间以平等的方式进行沟通，和各个成员之间建立一定的情感联系，同时领导者也要对组织内部的关系进行梳理，从而促进团队成员之间的良好沟通以及营造和谐的氛围。因为当团队的人际关系较为和谐的时候，团队之间的协作就会更加顺畅，组织成员在进行业务合作的时候就会更加有效率。

三是建立完善的激励机制。对于一个组织来说，必要的规章制度和规则是非常重要的。组织内的规章制度不一定都是对组织成员行为的约束，一些适当的激励制度是对组织成员的一种促进和鼓励。因此，领导者需要通过制定一定的激励机制，将组织成员的个人发展目标和组织的共同愿景结合起来，从而促进成员能够有更加充足的动力来实现自我价值和团队目标。在合适的激励机制下，组织内的成员能够充分地发挥自己的积极性和主动性，对于团队建设也有很积极的影响。

四是利用组织愿景进行引导。在团队建设的过程中，团队成员能够拥有一个共同的目标和信念是支撑成员携手并进的重要保障。因此，对于组织的领导者来说，构建一个适合组织发展的愿景是组织建设中必不可少的一项。当组织内的成员对于组织的共同愿景有充分的认同感，并且感受到愿景实现的同时也会让自己的价值得以进一步提升时，组织内的成员就会有更加充足的动力来完成工作，且在工作的过程中充分地发挥主观能动性。反过来，当一个组织缺乏共同愿景或者愿景不被组织成员所认可，那么，组织成员将不明白自己在组织中的价值，也不明白组织发展的意义，自然就不利于组织的建设和长久发展。

## 二、团队凝聚力及其战略聚焦

不论是在一个企业或组织的发展过程中，还是在一个班级乃至一个家庭中，我们经常会谈到凝聚力，那么究竟什么是凝聚力呢？从字面意思来看，凝聚力是指相互结合或黏在一起；结合到具体的实践中来，凝聚力又有了更深层次的意义。很多学者对于凝聚力有非常深刻的研究，他们从不同的层面对凝聚力进行了定义。

有的学者认为，凝聚力是指团队成员能够持续留在团队的力量总和。简单来说，就是促使团队成员愿意长时间留在团队中的原因。这里的原因或力量通常来自两个方面：一方面是团队对于成员的吸引，即团队能够给成员提供一些正面的价值，让成员能够自愿持续留在团队；另一方面则是来源于制度的控制，即团队提供给成员的目标对于成员来说是重要的。在这种观点看来，凝聚力也可以成为团队对于成员的吸引力，同时也包含了团队成员之间的相互影响，也就是团队所具有的让成员留在该团队的动机。

除了将这种凝聚力看成一种动机外，有的学者则将凝聚力看成一个动态的过程，是团队成员结合在一起共同完成团队目标，从而促使任务达成的一个过程。在这个过程中，团队成员对于彼此关系的维系产生了极强的认同感，对于团队的共同目标有非常强烈的实现愿望。然而，不论学者从何种角度来对凝聚力进行解释，凝聚力都包含了三个非常重要的因素：即团队吸引力、成员对于团队的承诺以及团队目标。简单来说，凝聚力就是团队对于成员的吸引、成员对于团队的承诺以及让团队成员联系在一起共同实现团队目标。

团队凝聚力对于领导者来说至关重要，在领导者进行团队建设的过程中，团队凝聚力越强，领导者的团队建设难度就越小。因为团队凝聚力也代表了团队或者领导者对于团队成员的吸引力，以及成员在共同实现团队目标时的积极性。凝聚力较高的团队，成员之间能够实现和谐顺畅的沟通，在合作的过程中也能够有更多的力量和积极性来实现目标。此外，团队凝聚力还代表着团队成员对于团队的向心力，即团队成员愿意留在团队的力量。凝聚力高的团队会更加稳定，这对于领导力的提升也是非常有益的。因此，团队凝聚力对于领导力提升而言至关重要。

那么，如何增强团队的凝聚力呢？如何让团队成员对团队产生更紧密的联系和更充分的信赖呢？我们需要知道影响团队凝聚力的因素是什么，上文提到了凝聚力的三要素，即团队吸引力、成员的承诺以及共同目标。影响团队凝聚力的因素主要有以下几点：一是团队的大小，二是团队的成员共性，三是团队成员自我角色的认知。此外，成员的性格、团队业务等也是影响团队凝聚力的重要因素。在众多的因素中，我们可以做出进一步的总结，即影响团队凝聚力的具体因素有以下几点（图 4-10）。

**图 4-10　影响团队凝聚力的因素**

首先是团队人际关系。这种团队人际关系包括两个方面：一方面是团队内成员之间的关系，另一方面则是团队成员与领导者之间的关系。在进行团队领导的过程中，最能够影响团队凝聚力的因素就是团队之间的人际关系，当一个团队的成员彼此之间的性格、行事方式以及目标都一致的时候，就能够促成团队中形成和谐氛围，进而在团队中形成一种高效的合作。团队成员和领导者的关系，则在一定程度上影响着团队成员对整个团队的认知，当一个团队的领导者能够以一种平等的态度与成员进行交流的时候，就能让团队成员对整个团队的认同感增强，进而增强团队的凝聚力。

其次是团队的目标和性质。团队的凝聚力是团队在共同完成一个目标的过程中体现出来的，团队的目标也是影响团队凝聚力的重要因素，当团队成员对于团队的目标有非常高的认可度时，就会有更加充足的动力和积极性来实现这个目标，进而表现出一种较强的凝聚力。当团队成员对于团队的目标并不认可，或者认为目标并没有可行性的时候，自然就不会有实现目标的动力，久而久之也就会对团队失去认同感，进而选择离开团队。团队的性质也是影响团队成员对于团队认同感的重要因素，当团队的性质对团队成员有很强的吸引力时，自然就会让团队成员更愿意留在团队中，进而增强团队的凝聚力。

最后是团队建设过程。团队建设过程也是影响团队凝聚力的重要因素，在不同的团队建设阶段，团队凝聚力也会有所不同，同时团队的凝聚力不会随着团队的建设不断前进，它只是发生在团队建设的某一个过程中。不同的团队所产生团队凝聚力的阶段也会有所不同，有的团队在形成初期就有很强的凝聚力，有的团队则是在建设的过程中不断地形成凝聚力。此外，随着团队建设时间的不断增长，团队成员更倾向于向团队内部靠拢，同时团队成员之间的经验和知识的分享也让团队成员之间的关系更加紧密。随着团队的发展和成长，团队对成员的吸引力会越强，团队凝聚力也就会越强。

## 三、组织文化与文化构建力的战略问题

在领导力提升的过程中，领导者进行团队建设在一定程度上也会受到组织文化的影响。因为组织文化是一个组织的价值理念以及组织成员共性的体现，组织文化能否得到成员的认同是组织向心力的关键所在。然而，如何构建组织文化却是很多领导者在团队建设时的一大困扰，有很多领导者不懂得如何在团队中进行组织文化的建设，或者组织文化并没有深入成员的内心，组织内缺乏共同的信念感和认同感，从而导致成员在实现共同目标的过程中常会出现各种分歧和矛盾，进而影响组织和团队的发展。那么如何进行组织文化的构建呢？

首先我们需要对什么是组织文化有一个充分的了解。我们眼中的组织文化通常表现在组织的愿景或者发展理念中，然而，这些只是组织文化的一部分。在一些学者看来，组织文化是组织成员之间共同的信仰和意念，是每个组织都具有且特有的一种特征。组织文化通常是由组织成员所共同拥有的信仰、价值、规范和行为特征等组成，我们很难给组织文化下一个具体的定义，因为它是一种抽象的且无法直接观察的存在。然而，组织文化并不是没有意义的存在，它能够主导组织的发展，能够为组织内的成员在实现共同目标的过程中提供充足的动力。

因为组织成员之间的行为并不全是依靠制度和流程来规范执行的，通常也会受到成员之间信念、价值观和情感等非理性因素的影响。也就是说，在领导者建设团队的过程中，仅仅依靠一些制度来约束团队成员的行为是远远不够的，需要通过一些非制度的方式来激发团队成员的行动力和积极性，进而实现领导力和组织的变革。可以让团队成员深入了解组织文化，明白组织文化塑造的过程和原因，从而让组织文化能够更加深入且更持续地影响到组织成员的行为。

对于组织的发展来说，组织文化有利也有弊。从组织文化对组织发展的正面影响而言，组织文化里的一些正面的价值观和理念能够促进组织成员工作效率的提升，如一些认真严谨的工作理念是有助于组织成员的工作效率和质量的

提高的。同时组织文化也会影响领导者在制定策略的过程中形成的思考和所奉行的价值观念，并且会在一定程度上塑造组织成员的行为，影响组织成员对于组织的满意度等。

就组织文化对组织发展的负面影响来说，有的时候组织文化会在一定程度上滋长抗拒变迁的力量，而这种抗拒的文化会对组织内的冲突起到加剧的作用。如当原本的组织文化已经在组织内发展稳定之后，由于外界环境的变化，组织内就需要对组织文化做出调整和改变，从而更好地适应外部环境的变化，促进组织的进一步发展。这时组织文化的稳定就很容易造成一种故步自封的状态，让组织内的成员不愿意做出改变，进而让组织错过发展的先机。所以，组织文化在稳定组织和留住成员方面是有利的，但在组织需要进行变革和创新的时候，组织文化会在一定程度上形成阻碍。

通常而言，组织文化具体表现在三个层次（图 4-11）：一是组织结构与程序，二是价值观，三是基本假定。其中结构和程序是最为表象的，是可以清晰地被看见和感知的，如组织中的环境，组织工作中所采用的法规和制度以及业务流程和程序等。价值观是指组织中所特有的，区别于其他组织的共同价值认知和信念。

**图 4-11　组织文化的三个层次**

价值观是组织文化的核心，相同的价值观能够降低组织成员相互交流的成本，促进组织成员之间的沟通性和协作性。此外，组织内的价值观认同也是增强组织凝聚力的重要途径。基本假定是指组织成员在长时间的实践积累中形成的，自然而然地出现在成员心中的认知。这种基本假定不同于组织结构、程序和价值观等，它通常是一种潜意识的运作，能够对组织成员行为进行解释。

根据这三种不同的表现层次，领导者在构建组织文化的时候，通常可以采用以下几种方式：在对组织结构和程序方面的文化进行塑造的时候，通常可以利用一些物质符号，如建筑、服装或者装饰等对组织环境进行打造，或者改变办公室的布置等，也可以设置一些特定的仪式和制度，在成员之间采用特殊的称呼等，从而形成组织内的一种独特的文化符号。

在组织文化的价值观层面，领导者需要在组织内构建一种特定的价值观，而这也通常会影响到组织决策的制定以及问题的解决。如何进行价值观的构建呢？一方面可以通过领导者日常行为的影响，另一方面则可以通过对成员的激励制度等让价值观深入成员的内心。在基本层面假定方面，组织文化的构建则更多地是依赖组织内的实践积累。这些假定是组织成员通过不断地解决组织所面临的内外部问题而积累的，即组织内的成员利用某一种假定来解决问题，并且问题得到解决的时候，这种假定就会成为组织成员之间共同的认知，进而成为组织文化的一部分。

对于组织中的领导者来说，文化构建力是领导力中非常重要的一部分。领导者的文化构建力能够引领组织文化，而且对于领导者来说需要更加具有全局性和战略性。如果领导者具有足够的能力来构建组织文化，就能借助组织文化的力量让组织获得一个良性的发展，而缺乏组织文化，只会让一个组织逐渐地失去组织凝聚力和团队精神，进而导致一个组织在复杂多变的环境中逐渐走向毁灭。

## 四、学习型组织建设与文化构建力的战略运用

随着经济全球化进程的不断加快，社会环境的变化也更加复杂剧烈。这些变化对于组织来说，无疑是增加了发展的不确定性和不可预测性，因此，组织活动已经逐渐趋向于动态化和复杂化。为了应对这种加剧的竞争和多变的挑战，组织需要不断地追求进步和创新，只有这样，才能让组织在激烈的竞争中占据较强的优势，在市场中占有一席之地。对于领导者来说，需要在组织建设方面保持持续不断的学习，使组织的建设与时代的变化相适应，也就是所谓的学习型组织建设。

对于学习型组织建设的需求，一方面来源于组织所面临的竞争压力的不断

增强，另一方面也是因为组织的发展进入了新的阶段，内部环境以及业务发展需求都需要组织能够踏浪而行，勇敢地迎接和应对环境变迁所带来的挑战。因为原有的组织和领导方式都较为机械，只能单纯地以规章制度和流程等来进行组织的管理和领导，导致组织极大地缺乏活力和灵活性，在需要做出改变的时候容易故步自封，最终会让组织逐渐在竞争中被淘汰。为了让组织能够长久生存并获得发展，就需要不断地学习，在学习的过程中，保持创新和对环境的不断适应。

此外，知识信息时代的到来也在一定程度上加剧了对学习型组织的需求。随着信息科技的到来以及互联网等技术的普及，企业或组织的发展也产生了新的变化。在不断发展和变化的外部环境中，唯一可以确定的是知识仍然是推动企业或组织发展的不竭动力。当企业或组织能够不断地用知识来充实自己时，就能够让组织在激烈的市场竞争中占据优势。随着进入市场中的竞争者越来越多，产品或服务更新换代以及淘汰的速度也越来越快，只有当企业能够不断地对产品进行推陈出新，才能跟得上时代发展的步伐，才不会轻易地被淘汰。因此，学习型组织对于企业或组织的生存和发展来说至关重要。

但并不是所有的企业或组织的领导者都懂得什么是学习型组织，很多领导者即便是有学习型思维，也只是停留在自我学习或学习的表层，并不能真正地理解学习型组织的本质。那么学习型组织究竟是指什么呢?

很多学者对学习型组织进行了研究，也从不同的角度给出了不同的观点，其中大部分的学者认为，所谓学习型组织就是领导者能够不断地鼓励组织成员去学习，从而促使其潜能的不断开发。这常常也是人力资源发展的重要策略，通常组织内会利用一些价值观、政策以及制度等来促进成员的不断学习，而在组织成员不断学习的过程中，也会促进组织的进一步转变。有的学者则认为学习型组织是一个非常善于进行知识创造、转换以及获取的组织，学习型组织的基础就是创造性学习，通过不断的学习来激发组织内部的创造性。

在学习型组织中，成员之间的基本假定就是不断地进行持续的创造性学习，在组织中，不论是个人、团体还是组织都会不断学习，从而促进个人以及团体的转变和提升。在学习的过程中，组织成员之间进行相互的合作，不仅能够让个人的知识和业务水平得到提升，而且也有助于企业或组织的整体竞争力得到提升。所以学习的过程能够让组织的架构和文化等得到重新塑造，对企业或组织而言，要实现对变迁的适应与组织的可持续发展，在组织内进行不断的创新和进步就是非常有必要的。那么，如何构建学习型组织呢？具体而言，有以下几点（图 4-12）。

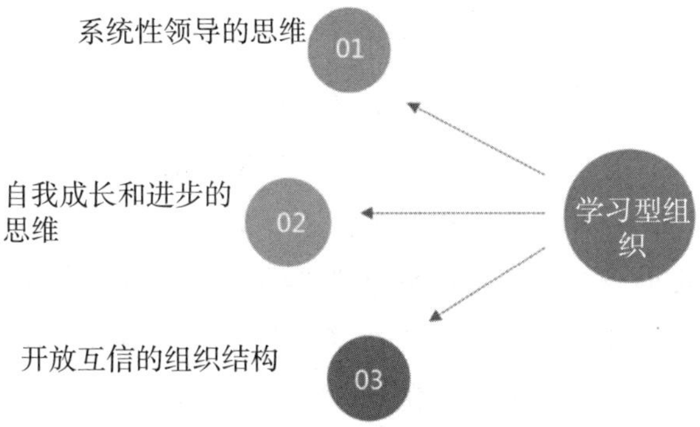


**图 4-12　构建学习型组织的方式**

首先，从领导者的层面上来说，领导者必须具备系统性领导的思维。对于领导者来说，要想将组织建设成为学习型的组织，就必须对组织有系统性领导，即能够充分地带动组织，让整个组织都沉浸到一种持续性的学习中去。形成这种系统性的领导不仅需要领导者不断地学习领导技能，同时也需要领导者掌握一些构建系统性领导的要素，如构建共同的组织目标，领导者就需要具备长远的视野以及洞察事物本质的能力，从而可以为组织的发展制定出一个合适的目标，这个目标必须是清晰且符合成员的意愿，能够激励到组织成员的一种目标。

要想让组织成员能够保持不断学习的思维，除了需要用共同的目标来激励成员之外，领导者的承诺也是支撑成员学习的重要动力。因为学习型组织的形成并不是一个短期的事情，而是一个长期的过程，组织的成员需要有足够的动力来支撑。在这个过程中，领导者需要具备极大的决心，并且能够做出遵守承诺的保证。系统性领导最重要的一个因素就是组织的凝聚力，凝聚力是推动整个组织的成员朝着同一个方向努力的重要动力，对于领导者来说，要想实现组织领导的系统性，就必须发挥组织的凝聚力，让组织成员能够相互影响、相互促进，从而更好地实现学习型组织的建设。

其次，从组织成员的角度来说，成员需要具备自我成长和进步的思维。在学习型组织中，成员都具备不断进步的思维，他们不满足目前的工作现状或者经验积累下来的解决方案，而愿意在工作过程中保持一种创新和不断学习的思维，除了完成自己的本职工作外，也会对业务或其他领域做出进一步的完善和改进。这些都需要组织成员具备成长和进步的思维，而不是故步自封和对现状满足。只有当组织内具有不断学习和进步的思维，才能够形成一种持续学习的氛围，当每个人的潜力都得到发掘时，就能让组织获得进一步的成长和发展。

最后，从组织层面来说，之所以很多的组织内难以形成持续学习的氛围，很重要的一点就在于组织结构的问题。在一些规模较大的组织内，因为组织分工会比较细化，尽管这样有利于业务的开展，但是也很容易让组织内的成员陷入一种本位主义误区，即每个人都只关注自己的工作和职责，在长期经验的积累下形成一套固定的思维模式，这会对成员的学习性思维产生阻碍，因为过于强调分工只会让组织成员关注自己的利益，在一定程度上导致组织内的沟通无效以及丧失组织创新活力。因此，建立一个开放互信、信息通畅透明的组织结构对于学习型组织的建设非常重要，当组织成员获得充分的自我选择时，就能够突破学习的困境，并营造出一个良好的组织学习氛围。

# 第五章　领导力提升的趋势

随着越来越多的企业领导者开始意识到领导力在企业发展过程中的重要性，领导力的提升已经成为企业发展中非常重要的一个环节。

同时，企业发展对于领导力提升的要求并不是一成不变的。随着企业的发展，外部环境的不断变化，领导力的内涵和需求也会有所变化。因此，领导者在进行领导力提升的过程中，也需要注入新的内容。本章将从领导力所面临的外部环境趋势以及培养模式发展趋势两个方面来介绍领导力在未来的发展趋势。

## 第一节　领导力提升的外部环境趋势

任何一个企业在发展的过程中，都离不开外部环境的影响。外部环境对于企业的发展来说是一把双刃剑，当企业的领导者能够充分地利用外部环境时，就能够让企业获得进一步的发展。如果企业的领导者无法让企业发展适应外部环境的变化，就会导致企业在激烈的竞争中逐渐被淘汰。因此，对于领导者来说，想要提高领导力就必须对外部环境有充分的了解。本小节将对变革领导力的外部环境趋势做一个简单的分析，从而为变革领导力的发展提供借鉴。

### 一、外部竞争环境越来越复杂

在企业的发展过程中，常常会受到内外部环境的双重影响，所谓内部环境就是指企业本身所具有的，与企业组织结构、文化和资源等相关的因素。就企业所面临的外部环境而言，主要是指企业在发展过程中能够对企业产生影响的因素，包括企业所面临的政治环境、社会环境、经济环境和文化环境等。在企业制定自身的发展目标和策略的时候，不仅需要对企业现状以及使命进行分析，同时也需要对企业所面临的外部环境，如政策、竞争环境等进行评估，从而确定企业在发展过程中的关键因素。

就目前企业所面临的外部大环境而言，整体的外部环境呈现出了高度的复杂多变性和不确定性，越来越多的行业发展风口逐渐消散，开始进入了存量竞争的时代。在这种变化之下，企业所面临的市场也逐渐从卖方市场转变为买方市场，企业之间对客户和资源的竞争日益激烈。由于新冠疫情的爆发，这种发展环境的不确定性被进一步加剧，这一切都意味着在企业的发展过程中，对企业综合实力的要求越来越高，而这对于领导力的要求也进一步提高。领导者需要在自我认知、决策能力和执行能力等方面都得到提升，才能够让企业逐渐适应外部环境的变化。

就外部环境对于企业发展的影响而言，可以把外部环境分为一般环境和具体环境。所谓一般环境就是指企业发展过程中所面临的宏观环境，这种宏观环境对行业内所有的企业都有影响，因此，这种影响在一定程度上是相对间接的。所谓的具体环境，是说能够直接对某个企业产生影响的环境。

这种具体环境的变化更能够让企业的策略受到影响，因为企业的策略形成并不是经常性的活动，也就是说企业的发展策略一经形成，就会处于一个相对稳定的状态。具体环境所带来的变化让这种稳定性成为企业发展过程中的隐患，很容易造成企业在发展过程中因为没有及时地调整策略而造成了危机的产生。如今外部竞争环境越来越复杂，更是让这种隐患逐渐加剧。具体来说，企业在发展过程中所面临的外部竞争有以下几种（图 5-1）。

**图 5-1　企业所面临的几种外部竞争**

一是企业之间的产品竞争。对于很多企业而言，企业发展的关键就在于企业的产品发展，产品是吸引顾客的重要因素，当企业的产品能够满足顾客的需求，能够提供顾客所需要的价值时，就能吸引和促使顾客选择产品，进而为企业增加收益。随着我国经济的不断发展，产品竞争已经成为企业竞争中的重要因素，产品策略成为很多企业获得进一步发展的关键。很多的企业都会在发展产品的过程中，面临各种各样的问题。

一方面是产品本身的竞争力不强，就会让产品在众多的产品中逐渐失去吸引力，进而导致企业收益的下降。另一方面则是产品同质化的现象越来越严重，如果领导者不具备足够的创新能力和变革能力，就很容易让企业困在这种同质化的竞争中，逐渐影响到企业的经营和收益。这样一来，企业领导者在企业中的领导力和号召力也会进一步下降，从而导致企业凝聚力降低，企业的发展陷入低谷。

因此，在面临日益激烈的竞争环境时，领导者需要做的就是不断地提升企业内部的自我创新能力，利用各种方式来鼓励企业员工在产品上进行创新，利用产品的独特性来吸引更多的顾客。同时，除了提升产品的创新性外，企业的领导者在制定产品研发策略的时候，也应该以用户体验作为考虑的重点。因为只有当自己的产品能够满足用户的需求时，才会对顾客产生吸引力，进而提高产品本身的竞争力，为企业增加收益。

二是面临对手的兼并与收购竞争。一个企业在发展的过程中，如果企业领导者缺乏相应的领导力，就会导致企业内部管理混乱，企业目标的执行和完成一直处于一种停滞不前的状态。这样就很容易让企业面临外部竞争对手的收购，因为当企业的领导者没有办法带领企业得到进一步发展时，就会在一定程度上影响到企业的股价，此时，并购者就会以此为理由来进行并购，并实现领导者的更换，进而改善企业的经营和发展环境，提升企业的收益。

对于领导者来说，要想保留自己在企业中的控制权和领导权，就需要不断提升自身的领导力，通过自己的领导让企业的收益得到提高。同时，企业的领导者在经营的过程中，也可以采取一定的反兼并措施，从而达到保护领导权的目的。但最根本的还是需要领导者能够在企业的经营中，不断地提升个人的领导力，从而促进整个企业的发展和提升企业的收益。

三是技术创新的竞争。随着我国经济的不断发展以及对外开放水平的不断提升，我国的经济更加融入经济全球化的潮流中。在这个过程中，对于企业的发展来说，很重要的一点就是国内外的技术交流和创新。技术是企业在发展过程中一个非常重要的动力，随着现代科学技术的飞速发展，技术在促进企业发展中的作用越来越重要。同时也因为技术的不断发展，使企业所面临的外部环境变得更加复杂多变。在这种情况下，企业在发展的过程中，要想获得长久稳定的发展，就必须重视技术的发展。

一旦企业在技术上失去了竞争力，就很难抓住发展机遇，进而导致企业被市场淘汰。因此，对于领导者来说，面对这样的发展环境，必须时刻关注企业发展的技术变化，洞察企业在发展过程中其行业内的技术创新等。同时，领导者也需要保持敢于创新和变革的思维，这样才能够保证在企业经营的过程中，不断地寻求新的机遇和资源，从而促进企业的进一步发展。

## 二、面对的危机样式不断翻新

任何一家企业在发展过程中都不可避免地会遇到各种各样的危机。所谓企业危机就是企业在经营过程中，因为内部经营管理问题或者外部环境的变化，导致企业的收益、市场份额或者获利能力的下降，甚至是导致企业最终破产等。因此，对于现代的企业领导者来说，学会如何应对危机是非常关键的一种能力。

这要求企业的领导者能够在企业内部建立起一套危机处理机制，其中既包括危机预防和危机检测，也包括一般性危机的处理方法。因为任何一种危机都有一定的发展周期，如果企业能在危机的潜伏期就洞察到危机的存在并采取预防措施，就能够减少危机对企业的影响。因此，越来越多的企业领导者开始在企业内部建立危机管理机制，通过对企业发展可能存在的危机定期进行评估，及时识别潜在危机等措施，来让企业进一步提升危机的预防和应对能力，从而让企业能够获得长久稳定的发展。

在企业制定危机管理机制的时候，也需要考虑危机的多样性问题。随着企业的发展逐渐进入更加成熟的阶段，企业所面临的外部环境日益复杂，企业可能遇到的危机也是多种多样的。有的企业可能会因为外部经营环境的变化，导致销售增长率下降、市场占有率逐渐降低，从而产生亏损甚至是倒闭。又或者有一些企业在发展的过程中，对企业的资源和实力进行了错误的评估，导致企业在不断扩张中，逐渐陷入了资源透支和资金短缺的困境，最终影响了企业的正常运行，陷入了倒闭的风险或被兼并的风险之中。

这些都是企业在发展过程中可能会遇到的危机，同时，随着企业发展的外部环境更加复杂多变，企业所要面临的危机不止这些，危机对于企业的影响也更加深远和广泛。其中很重要的一点就是公共媒体的不断发展，让企业所面临的危机更加具有突发性和广泛性。因为在传统的媒体之下，企业所遇到的危机可能只是在小范围内传播，企业有充分的时间去处理危机，但如今消息的传播速度如此之快，这让企业在面对危机的时候压力更大。此外，更多的环境变化也导致企业面临危机的可能性更高，危机的种类更加丰富，大多数企业所面临的危机有以下几种（图 5-2）。

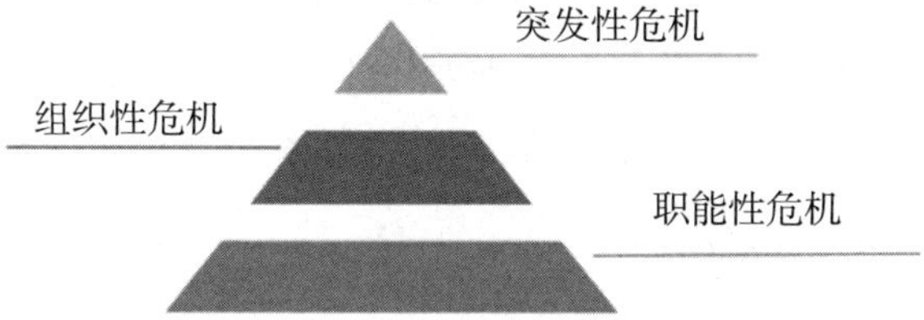


**图 5-2　企业所面临的危机的几种类型**

**1. 突发性危机**

所谓突发性危机主要是指企业在发展过程中所面临的外部宏观环境或者行业状况等突然发生变化，进而导致企业遭受重大的冲击，造成严重的经济损失或者企业声誉的崩塌。如在新冠疫情防控期间，因为防疫的需求和管控的要求，在 2020 年初很多线下实体店都无法开业，有的甚至停业长达半年。很多店即便是开业了，也遇到了客流量减少等问题。新冠疫情对于很多的企业来说就是突发性危机，这种危机的发生通常是难以预测的，而且对于企业的发展来说影响也是非常巨大的。

尽管这种危机是突发性的，但不意味着这种危机是没有办法化解的。企业的领导者在面对这种突发性危机时，要有强大而坚定的内心，在突如其来的危机面前保持清醒的头脑，从而做出正确的决策，以保证将企业在危机中的损失降到最小，顺利渡过难关。如因为疫情受挫的许多企业现在都开始借助直播带货的新风口将销售活动转至线上，重新找回商机。

**2. 组织性危机**

组织性危机一般是指因为企业内部的机制等问题导致企业陷入危机。如很多企业发展到了一定阶段，组织规模有所扩大，然而在组织规模扩大的同时，一些管理体制不完善、成员效率低下等问题也随之而来。因为随着组织规模的扩大，会导致组织内机构过于繁杂、管理层过多，不仅让企业的工作效率降低，同时也增加了企业的管理成本。当企业的领导者对这些问题没有足够的重视的话，很容易导致问题逐渐积累，最后造成危机，使企业的经营管理受到严重的阻碍。

此外，还有一种组织危机是因为领导者没有及时地对组织结构进行调整，导致组织结构与企业成长阶段之间的不匹配。组织结构有很多种，如扁平型、直线型和智能型等，在企业的发展过程中，不可能长久地保持某一种组织结构，因为每一种组织结构对于企业的不同发展阶段的作用也是不同的。领导者需要根据企业的发展情况，选出最适合企业当下发展的组织机构。当企业的领导者没有意识到组织机构的重要性，或者所选择的组织结构不适应企业的发展时，就容易导致企业组织性危机的产生。

**3. 职能性危机**

在企业的发展过程中，不同的职能部门共同协作促进了企业业务的正常运行以及企业发展目标的实现。对于企业的领导者来说，学会职能管理也是领导力中非常重要的一部分内容。如果企业的领导者不具备完善的职能管理能力，常常会导致企业遭遇职能性危机。所谓职能性危机就是指企业的财务危机、技术危机、营销危机或人力资源危机等。

以企业的财务危机为例，如果一个企业在发展的过程中，没有设置合理的资本结构，就会导致企业在发展的过程中缺乏现金流量，当企业出现收益下降的情况时，就很容易让企业陷入资金缺乏的困境，此时，为了维持企业稳定的发展，很多企业领导者都会采取负债的策略。当企业无法偿还到期债务，或者严重缺乏运营资金的时候，就很容易让企业再次陷入财务危机。因此，对于领导者来说，具备完善的职能管理能力也是至关重要的，是企业能够克服职能性危机的关键。

## 三、各组织越来越重视领导力培养

有组织的地方就会有领导者，而领导者能否带领组织朝着更好的方向发展，关键就在于其本身的领导力。当一个领导者具备足够的领导力时，就有可能让自己的团队或者组织规模越来越大，所获得的收益也会越来越多。同时一个领导者如果想让自己在团队中的影响力和号召力更强，就必须拥有强大的领导力。因此，越来越多的组织以及领导者都非常重视领导力的培养，在企业发展的过程中，也开展了一系列的领导力培训。企业在发展的过程中遇到瓶颈，很多时候也许并不是企业发展策略的问题，反而是因为领导者的领导力不够，无法充分地调动成员的积极性。所以，对于企业的发展而言，领导力培养的重要性主要有以下两个方面：

一方面是从组织的角度而言，俗话说："众人拾柴火焰高。"团队的发展从来不是依靠某一个人的力量，而是需要组织中所有成员一起努力。在企业的发展过程中也一样，那种一人包揽所有工作的领导方式是不可行的，一是因为领导者本身的力量是有限的；二是企业的发展是众人协作的过程。因此，对于领导者来说，充分调动组织中每一个成员的积极性和主动性是非常重要的，这也是领导者的领导力的体现。当领导者具备足够的领导力的时候，就能够让企业中的每一个成员都充分发挥自己的能力，进而产生一加一大于二的效果。

另一方面则是从个人角度而言，领导者是企业发展中非常重要的角色，领导力的提升就是领导者个人能力的提升，其中既包括领导者的决策能力、执行能力，同时也包括领导者的个人管理能力。当领导者尝试提升领导力的时候，也是一个领导者自我学习和提升的过程，不仅有利于领导者个人综合素质的提升，同时也有利于企业的发展。此外，领导者这种自我领导和自我学习的能力还会不断地感染团队中的成员，从而让每一个成员都能够提高对自我的领导和管理，进而提升企业的整体综合实力。

尤其在企业所面临的发展环境日益严峻的当下，企业应该更加注重领导力的培养和发展。许多领导者开始对领导力的内涵以及领导者的角色进行深入研究，因为在企业或组织成立之初，领导力的作用并不那么明显，而现在为了适应时代的变化以及企业发展的需求，领导者不得不开始重视领导力的提升。

在领导力提升过程中，大多数组织的领导者都更加关注如何以身作则，即利用自己的言行举止来影响团队内的成员；或者在树立自己的价值观之后，通过自己的影响力将这种价值观传递给团队的成员；又或者是让团队的成员能够参与到价值观的创建过程中，从而在团队内产生高度的认同感和凝聚力。同时，团队的领导者也会更加注重团队内部的创造力，希望利用一些创新的方式和思维来改善企业发展的现状。总体来说，随着企业对于领导力培养的重视程度的不断增强，领导力的培养主要体现在以下几个方面（图 6-3）。

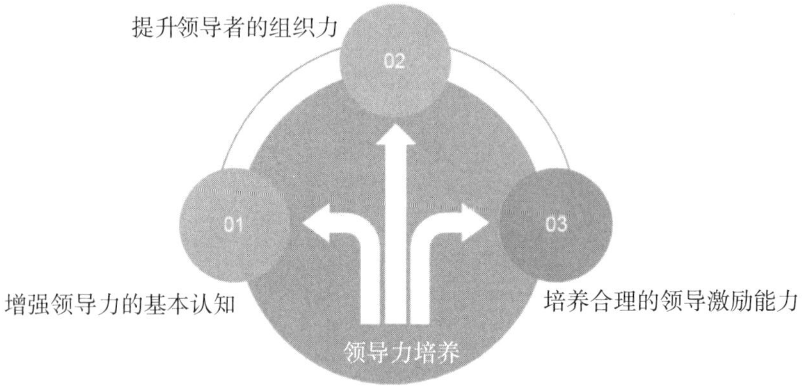


图 6-3　领导力培养的几个方面

**1. 增强领导力的基本认知**

任何领导力的培养都是建立在对领导力的认知基础之上，只有当领导者充分地认识到什么是领导力之后，才有可能真正使领导力得到提升。究竟什么是领导力呢？领导力是一种综合能力的体现，是在企业的发展过程中，领导者对于团队成员影响的过程，让团队的成员能够利用自己的力量去实现企业的发展目标。换言之，领导力并不是一种控制力，不是领导者利用自己的身份、地位或者权力对团队成员进行操控，而是利用自己的人格魅力去影响团队成员。

因此，在进行领导力的培养过程中，需要去提高领导者的个人魅力，如培养领导者的信仰、气质、品性和才学等，通过提高领导者的个人魅力，让团队成员能够对领导者产生尊崇感，进而提升领导者的感召力。这些个人魅力都体现在企业的日常管理中，如领导者在领导企业的过程中坚持原则，保持独立健全的人格、公平正直的处事态度，这样就能让团队成员更加信服，进而实现领导者领导力的提升。

**2. 提升领导者的组织力**

企业发展的实质就是借助组织的力量来实现组织目标和组织内成员的个人目标。在这个过程中，领导者的组织力是至关重要的，这种组织力首先体现在组织的创建上，领导者需要创建一个优势互补及对共同的特定目标有极度认同感的组织。能够识人善用也是领导者非常重要的一种能力，当领导者拥有一个团队的时候，如何让团队中的人都能发挥出自己的能力是领导力的关键所在，这就需要领导者能够充分地认识到每个人的能力，然后将合适的工作安排给合适的人，这样才能够促进企业的高效发展。

此外，领导者的组织力还体现在组织的协调性上，在组织中难免会遇到各种各样的问题和矛盾，对于领导者来说，如何能够化解组织内部的矛盾，在组织中形成一种合作共赢的氛围，是组织力的重要体现。因此，领导者在提升领导力的过程中，也需要学会在企业中建立一个共同合作的氛围和基础，让团队的成员之间能够更有凝聚力。

**3. 培养合理的领导激励能力**

在现在企业的发展过程中，人才成为企业发展过程中非常重要的一种资源，当企业拥有足够的人才时，就能够进一步促进企业的发展。对于领导者来说，除了需要在组建团队的时候尽可能地吸引更多的人才外，还需要学会如何善用人才，正所谓“好木匠眼里无无用之材”，当领导者能够充分发现团队成员的优势和劣势的时候，就能够在企业的发展中扬长避短，在成员之间形成一种优势互补的氛围。

让团队成员能力得到发挥，最重要的一个方式就是激励，学会激励的艺术也是领导力培养过程中的重中之重。当领导者能够充分地激励团队成员时，就能够让团队成员充分发挥自己的能力，从而实现企业的高效发展。领导者如何激励团队成员也是非常关键的，在领导力的培养中，领导者对于团队成员的激励应该保持公开公正的原则，并且需要以结果为导向，这样才能够在起到激励效果的同时，保持一个良好的企业内部竞争氛围，促进企业的进一步发展。

## 第二节 领导力培养模式趋势

在如今这个时代，对企业领导者来说，要想带领企业朝着一个更好的方向发展，就需要企业领导者不断地提升自我的领导力。随着企业所面临的经营环境的不断变化、企业发展战略的多元化，以及信息时代的不断发展，这一切都对领导力的提升提出了新的要求。领导者需要不断地提升自身的实力，从而实现企业的变革管理。因此，领导力的培养自然也成为企业发展中非常重要的一个主题，本小节将从强调跨域、跨界领导能力，培养方式多元化，注重关系以及组织行为学和重视领导力培训评估四个方面，对领导力培养趋势进行简单的介绍。

## 一、强调跨域/跨界领导能力

近年来，随着我国社会主义经济的不断发展，越来越多的新兴企业都涌现出来了，这一方面活跃了市场，带动了经济的发展，另一方面也让企业所面临的外部市场环境竞争越来越激烈。在这种激烈的竞争环境之下，企业要想获得长久稳定的发展，就必须进行创新，打破同质化的困境。因此，转型和跨界成为越来越多企业和组织发展的重要突破口。因为与其在原本已经饱和的市场里争夺蛋糕，倒不如开辟一片新的天地。于是，市场上出现了很多的跨界投资，如娃哈哈集团曾经斥巨资投资了高端百货和白酒业。

在这种环境之下，对于领导者的领导力又提出了新的要求。因为企业在进行跨界发展和合作过程中，必然会遇到一些新的问题，而领导者需要具备一定的能力去解决这些问题，这种能力也可以被称为是跨界领导力。当然，并不是所有的领导者都具备这样的跨界领导力，因此，在领导力培养过程中，企业更加注重和强调去增强领导者的跨域/跨界领导能力，这样就让企业的领导者在进行企业变革和跨界的过程中，仍然能够保持良好的领导能力。

那么，究竟什么是跨界领导力呢？所谓跨界领导力就是指领导者具备发现自我、进行行为转化、通过自我的影响力在企业或组织中建立新的共识的一种能力。具备跨界领导力的领导者具备再造新界限的能力，所谓“界限”范围是很广泛的，可以是上下级的界限，也可以是地域的界限，又或者是不同行业之间的界限。在企业的发展过程中，跨界发展应该是全方位的，领导者具备的跨界领导力也应该是全面的。领导者能够跨越不同领域之间的界限，通过自己强大的沟通能力以及影响力，从而在企业或组织中建立新的共识和认同感，进而实现共赢。

当然，领导者的跨界领导力不仅表现在企业或组织的内部，也表现在企业之间或者组织外部。其中以企业内部的跨界领导力而言，领导者需要具备与企业内部不同部门沟通的能力，同时也要有能力去克服组织成员之间的权力以及文化背景之间的隔阂。而就企业之间而言，领导者需要与企业的客户、合作伙伴和竞争者进行沟通交流，打破与这些不同领域的人之间的交流障碍。在组织外部，企业的领导者需要具备充分的人际交往能力，在政府和社会组织之间进行跨界交流，从而为企业的发展创造一个良好的环境。

在如今的企业发展过程中，跨界领导力是领导者需要掌握的一项重要的能力。因为，跨界创新和合作是现在企业发展的一个重要的趋势，领导者需要具备突破各种界限的能力，才能让企业在激烈的竞争中获得稳定的发展。具体而言，培养跨界领导力对于领导力的培养有以下几点意义（图 5-4）。

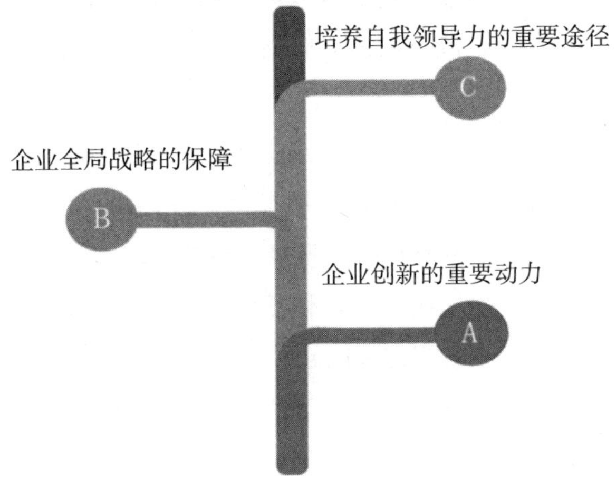


**图 5-4 培养跨界领导力的意义**

**1. 企业创新的重要动力**

为了进一步开辟市场，增强企业发展的多样性和多元化，很多企业在发展过程中都呈现出了以下三种趋势：一是创新驱动，二是合作联盟，三是增加内部员工多元化的背景。这三种趋势都对领导者的领导力提升有了进一步的要求，需要领导者保持创新的精神，不断地去尝试跨界发展，为企业的发展提供新的方向。这种创新能力首先就是指跨界领导力，因为企业想要在发展过程中实现创新，跨界就是一个重要的途径。

所谓创新就是指人们能够用一种前所未有的、独特的思维和方式来解决问题，实现某种目标。在这个过程中，领导者所表现出来的心理、思维方式以及能力等都是创新能力的体现，而这同时也是跨界能力的重要组成部分。跨界能力也是创新能力的一种重要表现形式。具备跨界能力的领导者往往能够利用与众不同的思维能力和逻辑能力，为企业的发展找到新的方向或者从前所未有的角度和方式来思考和解决企业所面临的问题。这就是企业领导者在培养跨界领导力过程中的重要能力，跨界能力要求领导者能够摆脱那种单一刻板的思维，在不同的思想之间进行碰撞，从而发现企业发展的有效途径。

**2. 企业全局战略的保障**

随着企业发展进程的不断推进，企业领导者在决策的过程中，需要有全局的观念，能够以全局性的思维和长远的目光来考虑企业的发展。如果企业领导者在解决企业发展问题或者制定企业发展策略的时候，一直保持一种一叶障目的思维方式，就很容易被眼前的利益所迷惑，让企业的发展陷入困境。如果领导者具备高瞻远瞩的能力，以全局的视野来进行决策，就能让企业获得长久稳定的发展。

不论是长远的目光还是全局性的思维，都是跨界领导力的一种表现形式。其中以长远的目光来说，就是一种对于眼前利益的跨界。具备长远目光的领导者，在进行决策的过程中能高瞻远瞩，不轻易地被一些眼前的蝇头小利所迷惑，进而阻碍企业的进一步发展。所谓全局性的思维，就是对局部的跨界。很多领导者在领导过程中，常常只看到部分问题，或者在思考企业目前的发展现状时，很难以全局性的思维来看待问题，从而无法统筹全局，最终导致企业发展出现危机。

**3. 培养自我领导力的重要途径**

在企业的发展过程中，领导者的自我领导也是非常重要的一个部分。所谓自我领导，就是自己领导自己，即企业的领导者能够发挥自我的影响力，并制定一定的目标和策略，从而实现自我成长和自我完善。领导者的自我领导力培养，不仅能够让领导者自身的素质和能力得到不断的发展，而且能在企业内部形成一种鼓励成员不断自我完善的氛围，让每一个成员都能够成为自己的管理者，促进每个成员能力的提升，进而提升企业整体的竞争力。

这种自我成长实际上就是培养跨界领导力的起点。跨界领导力就是要领导者能够在自我挖掘和创新的基础之上，利用自己的影响力去带领团队成员达成共识，从而以这种跨界的新思维来影响整个企业的发展。因此，这一切发展都是建立在领导者的自我成长之上的，只有当领导者不断地提升自己的思维能力，才能让自己具备创新的思维，进而实现企业或组织的跨界发展。换言之，培养企业领导者的跨界领导力，也是促进领导者自我领导力提升的行为。

## 二、领导力培养方式呈现多样化

随着我国社会经济的不断发展，越来越多的人具备了自己创办公司的条件，也有很多人在政策的扶持以及经济发展的新风口下，逐渐将自己的公司发展到一定的规模。当这种有利的外部条件逐渐变得不那么明显，随之而来的是越来越复杂的外部环境以及日益激烈的市场竞争时，很多企业便开始逐渐走下坡路。在这其中，也仍然有不少的企业能够在竞争中稳定发展。这中间产生区别的很重要的一个原因就在于领导力是否得到了提升，在很多公司发展之初，领导力的作用也许并不明显，但随着企业规模的不断扩大，领导力就在很大程度上决定了企业的成败。

因此，企业想要在激烈的竞争中立于不败之地，就必须重视对领导力的培养重视。只有当领导者具备足够的领导力时，企业才能够拥有一个好的发展前景。领导力培养就是根据企业发展的能力需求，通过一系列的方法和手段，对领导者的战略能力、决策能力和组织能力等进行全面而系统的提升，从而让领导者的个人素养和领导能力得到进一步的提升，进而为整个企业的发展提供有力的支持。

企业发展对于领导力的要求具有多样性，这也是由如今企业所面临的大环境所决定的，企业在发展过程中都可能会遇到难以预估的风险以及动荡的外部环境，这一切都让原本的领导力水平不再适用。企业的战略化发展则要求领导力的培养必须适应这种多样化，增加更多新的内容。此外，在企业进行转型变革期间，不同的变革目标所要求的业务策略是不同的，而在这些不同的业务策略下，对领导力的需求也是不一样的。这些都促成了企业发展的现状，即领导力的培养方式逐渐多样化。这种多样化主要表现在以下几个方面（图 5-5）。

**1. 利用互联网思维**

在互联网逐渐发展的时代，整个社会呈现出了一个非常普遍的特点，那就是每个人都是一个独立的个体，这些独立的个体之间又是相互联系的。这就导致很多时候我们在理解问题的时候，不能够只是遵循原有的习惯，需要从更加全新的角度去认知和理解。

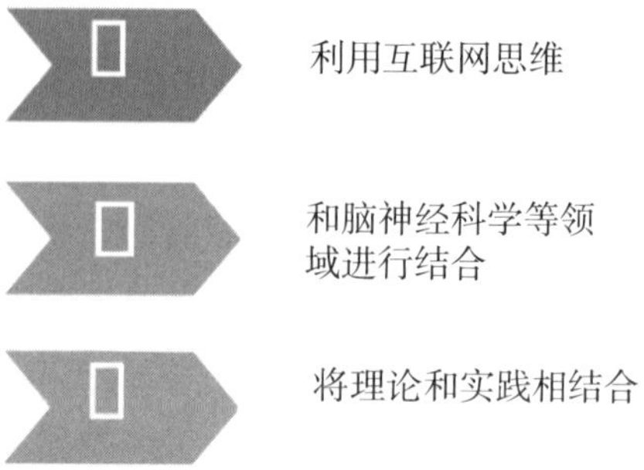


**图 5-5　领导力培养多样化的表现**

这在企业发展过程中来说也是一样的，尽管在互联网逐渐发达的时代，企业发展的本质没有发生很大的改变，但在企业发展的方式上却已经出现了非常大的变化。因此，企业发展对于领导力的需求也会有所不同，当下如何去利用互联网思维来进行企业领导者领导力的提升是非常重要的一项任务。如果一直以一种旧的领导方式去发展企业，很有可能会让企业陷入寸步难行的境地。

这主要是因为在互联网时代，企业在发展的过程中已经出现了很多前所未有的问题，领导者也遇到了一些从未遇到过的挑战。例如，现代企业中，每一个成员都会有自己的声音，领导者专制权威的管理方式已经不再适用于当下企业的发展。现在很多企业在进行决策的时候，往往是由企业内部的员工共同来决定的，企业的一些普通员工的力量以及声音越来越不容忽视。

就企业内部的权力来说，也并不是固定的。现代企业在发展的过程中，成员之间的权力是相互流动的，很多时候一个人的能力往往比他所拥有的头衔或者职位更加重要。在领导员工的过程中，如果领导者只是像以前一样，利用自己的权力来对员工进行命令或者压制，这样是完全不行的，现在的企业员工更多的是依靠自己的自愿度来进行付出和投入，因此需要领导者采取合适方式进行激励，而不是命令。

综上所述，在企业的发展过程中，当传统的领导方式已经不奏效的时候，企业领导者必须从一个全新的角度去提升领导力。其中，利用互联网的思维去提升领导力则是一个非常重要的策略。互联网时代的领导者，需要更多地去适应当下领导力的新需求以及企业所面临的发展环境。

在决策方面，领导者需要更多地去倾听团队成员的声音，而不是以领导者个人的意见为权威，要让团队里面的所有都能够参与到企业发展的决策中，这样做不仅是因为每个人思考的角度不同，会让决策的制定更加全面，而且也因为当团队成员的声音被听见的时候，能够提升团队成员在企业发展过程中的参与感，从而让每一个成员在工作中更加积极。其次是在激励方面，对于企业的很多员工来说，他们已经跨越了物质层面的基本需求，更多的是想在工作中寻求一种自我实现，对于这一类的成员来说，领导者在利用激励机制去调动其工作积极性的时候，需要更多地采用一些精神鼓励或者一些认同的方法，从而让企业员工能够自我成长，并且能够在工作中有更强的积极性。

**2. 和脑神经科学等领域进行结合**

随着人们对于领导力的研究越来越深入，一些从事领导力研究的专家学者开始将更多的注意力集中在脑神经科学等领域，因为领导力始终是人类的一种发展能力，因此，对领导力的研究是不能够脱离人类本身的生理因素的，通过与脑神经科学相结合，可以将领导力的培养与大脑本身的工作原理相结合，这样能够进一步地促进领导力培养的科学化和合理化。

根据脑神经科学的研究，我们可以将以下几点应用到领导力的培养过程中：首先是人们在活动的时候需要将自己的有意识活动和无意识活动进行平衡。对于领导者来说，当领导者处于一些复杂或者高压的环境之下时，需要根据具体的情境来灵活地调整自己的思维。一方面，领导者需要有意识、有目的地去做一些事情，这样才不会受到外部的干扰；另一方面，领导者也需要充分地利用自己的无意识状态，因为这种无意识能够让大脑内的信息产生更加有效的连接，进而让自己的思维更加活跃。当领导者需要在决策上进行一些创新或者有不同角度的看法时，就可以利用这种无意识来产生更加具有创造性的想法。因此，导者需要保持这种有意识和无意识的动态平衡，这样才能让自己在领导的过程中事半功倍。

领导者在领导团队成员的时候，需要让团队成员知道企业发展的目标以及企业进行变革的原因。尤其是当企业处于危机时，要能够让成员积极地参与问题的讨论和决策，让他们有更多的知情权和自主权，让他们更加具有责任感，从而提升成员之间的执行力和合作力。

**3. 将理论和实践相结合**

很多企业在进行领导力的培养时常常会采用一些传统的课程教学，或者通过一些案例、交流等方式向一些典型的领导力模型进行学习，或者就是在工作中通过去完成一些能够提升领导力的任务来实现。这是因为仅仅依靠理论去培养领导力是远远不够的，理论只是一些普遍的规律，和实际中的领导力发展以及需求仍然存在着一定的距离。

如果仅仅是学习理论的话，对于领导力的实践是不够的。因此，当领导者储备了一定的知识后，可以通过一些实践来进行领导力的提升，所以，常有人说，领导力的提升既是一门科学，也是一门艺术，既需要理论的支撑，也需要通过实践进行不断的完善和发展。

## 三、注重关系及与组织行为学相结合

在领导力的培养和提升过程中，组织行为学对于领导者来说是非常重要的。组织行为学就是对一个组织或者团体的成员的心理或者言行进行分析得来的。领导者在企业中采用何种领导风格或者拥有怎样的领导能力都会对组织的发展起到关键性的作用，同时，也会影响组织成员的心理和行为。因此，很多企业为了能够让企业的生产活力和收益得到进一步提升，常常会从组织行为学的角度对领导力的提升进行研究。因为这样有助于提高组织成员的心理承受力，从而让企业能够克服在发展过程中可能会遇见的危机和不确定性等。

随着企业逐渐发展成熟，企业对人力资源的重视程度就会越来越高，因为在企业发展的关键时刻，拥有什么样的人力资源以及团队成员的综合素质如何才是决定一个企业能否稳定发展的关键。组织行为学研究的主体则是处于组织中的人，通过研究企业成员的心理素质和行为规律，能够更好地帮助领导者提升领导力，从而加强对团队成员的领导。因为领导在企业中既是一个过程性的行为，同时也是一种社会性的角色。从组织行为学的视角对领导力的提升进行研究，能够帮助领导者更好地去影响团队活力以及团队成员的工作效率，进而实现组织利益最大化。

从本质上来说，企业领导者所做的工作就是要为企业的发展以及企业员工发展提供服务。因此，在企业发展的过程中，领导者首先应该弄清楚自己的职责，需要明白的一点是：在现在的企业发展中，只要是在企业中工作的成员，不论处于何种角色或者承担何种职能，都是企业发展过程中的关键人物。因此，领导者不能保留那种以职位高低或者权力大小来进行决策的观念，而是要对组织成员予以关注，只有这样，才能够促进企业的健康发展。

换言之，领导者想要在企业发挥领导力，所要做的就是进行组织引导，这种组织引导主要是指领导者去引导团队的成员完成工作。同时，领导者也需要对团队成员的思想以及生活予以关怀，因为在组织行为学中，团队每个成员都是有想法和有思想的个体，领导者想要真正地让领导力得到有效发挥，就必须真正地去关心每一个成员，而不是自专。只有当领导者能够为企业的成员创造出一种积极向上和谐的工作环境时，才能够让企业成员更加高效地去完成企业发展的计划，并且能够在完成工作的同时也满足自我实现的需求。

首先，领导力逐渐演变成为一种以人为中心的领导。在领导者的工作中，利用一切资源来充分调动员工的积极性、主动性和创造性成为重中之重。因为，在组织行为学中，成员的心理以及行为规律是影响组织发展的关键。在现代企业的发展过程中，领导者要想让企业获得长久的发展，关键就是要让企业成员在企业的发展过程中充满积极性和主动性，因为只有当企业成员对企业发展的方向和目标产生认同感的时候，他们才能够充分地发挥主观能动性，而不是依靠领导者利用权威或者惩罚措施来促使他们被动地去完成一些工作。

对于很多企业来说，发展的关键也许并不是企业所制定的发展策略的优劣，而是企业员工是否有足够的积极性来完成企业所制定的发展目标。因为当企业的成员有充分的积极性的时候，成员所做的一切工作都是出于自发和自愿，这样不仅有利于提高企业成员的工作效率，而且能够让他们在工作过程中充分地调动一切力量去解决问题和自我提升，进而促成企业目标的实现。

其次，在提升领导力的过程中，领导者更加注重如何去改善组织内部的人际关系，从而增强组织的凝聚力。因为对于任何一个企业或组织，不管规模大小，始终都是一个团队。企业所要完成的目标以及日常的工作都是需要团队成员之间的配合和协调来完成的。而在团队成员完成日常工作的过程中，企业内部的人际关系以及工作氛围也是影响团队成员工作的重要因素。

此外，处于一个团队中的成员之间往往是会相互影响的，当一个企业的工作氛围和人际关系非常协调和积极时，这个企业的员工在工作和合作的过程中就会更加顺畅，那么企业目标的实现也会更加高效。如果一个企业内部的人际关系不和谐时，那么之间的凝聚力自然也就很弱，在日常的工作中，尤其是遇到问题时，很容易成为一盘散沙。

所以，如今的领导力在发展的过程中会越来越重视组织成员之间的关系。

领导者所要做的，不仅仅是将企业的目标和任务分配给企业员工，同时也需要注意企业员工之间的关系，学会去利用一些方法和措施来促进企业员工之间的沟通，让企业内部形成一种积极向上的合作氛围，这样就有利于企业目标的高效实现，也有利于领导力的发挥。

最后，知人善用也成为领导力中一个非常重要的组成部分。根据组织行为学，在组织发展的过程中，一部分的人即便不是企业的领导者，但通过他们发达的人际网络，也能够非常直接地影响到企业中的部分成员。所以，对于领导者来说，要想让自己的领导力得到充分发挥，就要学会在组织中发现关键人物，通过这些人物来扩大领导力的影响范围。

这就需要领导者具备非常敏锐的洞察能力，同时也要对组织成员有充分的了解。只有当领导者能够将这些关键人物从组织中识别出来，才有可能去利用这些关键人物来发挥自己的领导力。此外，当领导者发现了这些关键人物之后，也需要采用一定的方法让这些人物能够为自己所用。换言之，如何去引导这些人也是领导力中非常重要的组成部分。

## 四、重视领导力培训评估

领导力培训是促进企业发展的一个重要因素，为了适应外部环境的变化以及日渐激烈的市场竞争，企业领导力培训不仅呈现出了内容丰富和形式多样等特点，非常关键的一点就是领导力培训评估。所谓的领导力培训评估，就是指对于已经完成或者正在进行的领导力培训进行评价。

这个评价既包括培训效果的评价，也包括培训过程和方案的评估。因为领导力的培训只是提升领导力的一个方式和途径，并不是最终的目标，促进领导者的领导力提升才是培训的真正目的，如果企业的领导者只是参加培训，而不对领导力培训的结果或者完成程度进行分析，这样的培训也只会流于形式。具体来说，在企业内进行领导力培训评估主要有以下几个意义：

第一，明确领导力培养的投入与产出的关系。领导力的培养并不是一件简单的事情，企业需要付出很多的时间、精力、人力和物力等，在进行领导力培养之前，需要制定一个完整的策略，这不是简单地通过几场讲座或者几次实验就可以完成的，领导者需要根据企业的发展目标以及外部环境的变化，基于清晰的目标将理论和实践结合，从而最终实现领导力的提升。因此，在这个过程中，不论是企业或组织，还是领导者本身，都付出了很多，进行了很多的投入。

然而，领导力的培养也并不是一味地投入就可以，领导者需要考虑投入与产出之间的关系。因为领导力的培养是为了进一步促进企业的发展，但如果在领导力培养的过程中，投入明显大于产出，甚至是没有产出的，那么，此时领导力的培训反而多此一举，甚至是毫无意义的。因此，领导力培养的产出是企业在进行领导力提升中需要考虑的一个重要的因素。当领导力培养的产出大于投入的时候，领导力的培训才是有意义的，对企业的发展才是有益的。而如何才能够清楚地衡量领导力培养的产出呢？这主要依靠领导力培训评估，当建立了完整的领导力评估体系时，就能够清晰地看到投入与产出之间的关系。

第二，便于领导力培养方案的不断优化。因为领导力的培养是一个长期的过程，在培养的过程中，企业本身的发展以及外部环境随时都有可能发生变化，那么，在这种变化之下，原本制定的领导力培养方案是否还适合现在的发展需求，这是企业领导者在进行领导力培养的过程中需要考虑的问题之一。当目前的领导力培养方案并不适合如今企业发展环境时，或者需要有新的内容添加时，企业的领导者就需要适时地对当前的方案做出调整。

然而，如何知道当下的方案是否是有利于企业的发展呢？主要是依靠领导力培养评估，通过对领导力培养的效果进行评估，领导者可以清楚地知道该领导力培养方案是否有效，是否能够让企业在如今的发展环境下获得进一步的发展。通过这种评估，即便是当前的领导力培养方案不合适或者不完善，企业的领导者也可以通过对方案进行进一步的完善和调整，从而促进领导力培养成为一种有效的发展途径。

第三，有助于领导力培养目标的坚持。正如前文所言，领导力发展和培养是一个长期的且不断调整的过程。在这个过程中，会有很多的因素影响到领导力的培养，如领导者自身的思维和认知发展，或者是竞争者的冲击等，在这些因素的影响之下，领导力的培养很容易就会陷入一种漫无目的或者偏离既定轨道的境地。对于领导者来说，领导力的培养都是有一定目标的，这种目标是促进领导力提升的重要动力，也是企业或组织发展的重要方向。

因此，利用领导力培养评估是非常有必要的。在领导力培养的过程中，根据领导力培养目标，制定一定的评价体系，这样对领导力培养的效果进行阶段性以及结果性的评价，就能够在一定程度上起到监督效果，确保领导力的培养不会偏离原本的方向。只有当领导力的培养一直坚定地朝着一个方向发展时，才能够让整个培养体系是有效的和有意义的，从而为企业的进一步发展提供充足的动力。

因为领导力培养评估能够明确培训投入与产出的关系，利用培训方案进行有针对性的调整以及确保培训目标的达成，越来越多的企业开始重视领导力培训评估，纷纷根据自己的领导力培训方案建立评估体系。然而，领导力培养评估体系的建立并不是一件容易的事情，很多企业在进行评估的时候很容易流于表面，或者没有以一个全面的思维和角度来建立评估体系，这样很容易导致领导力培养评估失去意义，甚至可能会产生虚假的结果，让领导者轻易就满足于领导力发展的现状。那么，真正有效的领导力培养的评估是怎样的呢？

**1. 量化评估指标**

有很多企业利用一些胜任素质模型进行评估体系的设计，然而大部分评估都只能够完成反应评估和学习评估，也就是说，企业的领导者只能够通过评估了解培训的满意度以及参与培训的人获得了多少的知识，至于培训是否达成了目标以及对企业的发展有何影响，这些都是无法通过培训了解的。大部分的领导者都希望能够通过领导力培训，促成领导力的提升以及企业业绩的增长，因此，在设置领导力培训评估体系的时候，需要制定出更加直观的评估方案，让领导者能够清楚地知道目标是否实现。

这就要求企业在制定领导者培养评估体系的时候，需要将各个评价指标进行量化。换言之，这些评价指标必须是明确的，可以通过一定的标准来衡量的。当然，这里的评估目标需要是可以实现的，是存在实质性意义的。只有这样，才能够让领导力培养评估体系更加有意义，让评估者在评价的时候有据可依，最终得出来的评价结果才是准确且真实的。而一些空洞的评价标准，如通过领导力培养是否促进了领导者的沟通能力或执行能力的提升，这些实际上都是期望通过培训所达成的效果，并不是具体的目标，也就不具有评估性。

**2. 自评与他评相结合**

通常而言，领导力培养的最终需求是为了让企业获得更好的发展，让领导者对于团队成员的影响力得到进一步的增强。因此，领导力的培养是否达到了既定的效果和目标，往往需要通过多人来进行评估。一方面是因为从不同人的视角来看问题会得到不同的结果，因此，通过多人对领导力培养来进行评估，更能够让评估的结果具有全面性。另一方面则是因为企业是一个组织，也是一个团队协作的地方，因此，领导力是否得到了提升，需要得到团队成员共同的评价

这里所说的多人，既包括参与培训的领导者本身，也包括了企业内的其他成员。领导者能够从参与者的角度，对领导力培养的整个过程和结果进行评价；而企业的其他成员，实际上也是领导力的影响者，他们能够从另外一种角度来对领导力的培养进行评价和提出意见。这样将两种群体的评估意见进行综合，就能够得到更准确的评估结果。